Gert Otto, Wie entsteht eine Predigt?

Gert Otto

Wie entsteht eine Predigt?

Ein Kapitel praktischer Rhetorik

Chr. Kaiser

CIP-Kurztitelaufnahme der Deutschen Bibliothek

Otto, Gert:
Wie entsteht eine Predigt?: Ein
Kap. prakt. Rhetorik / Gert Otto. –
München: Kaiser, 1982.

ISBN 3-459-01426-1

Umschlag: Reinhard Liedtke
Gesamtherstellung: Breklumer Druckerei, Manfred Siegel

Inhalt

Vorwort

Die Grundsatzdiskussion über den rhetorischen Charakter der homiletischen Fragestellung ist eines. Ein anderes, wenngleich damit unlösbar verbunden, ist die rhetorisch fundierte Anleitung zur Predigtvorbereitung – dem Anfänger zur Ermutigung, dem erfahrenen Praktiker zur weiteren Anregung oder Kontrolle.

Ich möchte den Leser einladen, sich in seiner Predigtvorbereitung auf sehr elementare Überlegungen einzulassen. Differenzierte theologische Reflexion ist notwendig, aber sie ist lediglich eine *Voraussetzung* der Predigtarbeit. Sie darf den Weg zum Hörer nicht verstellen. Studium und Ausbildung legen dem Prediger begriffliches Denken nahe. Es kommt aber darauf an, in der Predigt konkret und lebensbezogen zu sprechen. Das ist erreichbar, wenn die Vorbereitung sich vom Verständnisvermögen des Hörers leiten läßt – was in keiner Weise Verrat am Inhalt der Verkündigung bedeutet, sondern eine eigene Weise, dem Inhalt zum Ziel zu verhelfen. Darum geht es in dieser kleinen Schrift. Ihr Hintergrund ist die eigene Predigtpraxis, dazu langjährige Erfahrung in vielen Seminaren und Pfarrerfortbildungsveranstaltungen sowie die eher peinigende als lustvolle Korrektur zahlloser Examenspredigten.

Der Ertrag kontinuierlicher Diskussionen mit Ursula Baltz und Henning Luther im Zusammenhang gemeinsam durchgeführter homiletischer Seminare ist in die Darstellung eingegangen. Henning Luthers homiletischen Aufsätzen und Ursula Baltz' Arbeit über Theologie und Poesie und ihrem literaturwissenschaftlichen Rat verdanke ich entscheidende Anregungen.

Mainz/Oberstdorf, im Sommer 1981 *Gert Otto*

O. Ausgangspunkte –

oder:

So einfach fängt es an . . .

Wenn einer spricht, müssen
die anderen zuhören –
das ist deine Gelegenheit!
Mißbrauche sie.

Kurt Tucholsky

Viele lieben es, von großen Predigtdefinitionen oder von systematisch-theologischen Vorentscheidungen auszugehen, um von dort aus auf die konkrete Gestalt der Predigt, ihre Vorbereitung und Entstehung, kurz: auf die Praxis des Predigens zu kommen. Dies scheint dem theologischen Rang der Predigt gemäß.
Mein Ausgangspunkt liegt hier nicht. Vermutlich würde es im Predigtalltag helfen, wenn wir uns darauf einigen könnten: »Tiefer hängen!«

Dies sind meine Ausgangspunkte:

· *Ich möchte,* daß die Zuhörer verstehen, was ich sage, weil sie nur dann miteinander reden können – mit mir, mit anderen, im Pro und Contra zu dem, was ich vielleicht angestoßen habe. Ich möchte, daß niemand hinterher sagen muß: »Die feierliche Amtssprache in der Kirche klang fremd. Kunstgewerbe-Vokabular . . . Man kann sich nicht vorstellen, daß der Pfarrer erlebt hat, was er in der Predigt erzählt« (Martin Walser, Halbzeit, 1960, S. 354).
Für den Prediger bedeutet das als erstes, die reichen Möglichkeiten der *Sprache* wiederzuentdecken. Solche Wiederentdeckung beginnt bei sprachlicher Sorgfalt. Nur im sorgfältigen Umgang mit der Sprache ist jene Flexibilität zu gewinnen, die größer ist als in der »Amtssprache«, auch größer als im Jargon oder in der Allerweltssprache des Schlagers.

· *Ich möchte* einigermaßen in Übereinstimmung mit mir selber predigen. Ich möchte als Prediger nicht neben mir als Zeitgenosse, als Mitmensch mit seinen eigenen Lebenserfahrungen, kurz: nicht neben mir selbst stehen. Wenn ich zu den Inhalten meiner Predigt keine rechte Beziehung gewinne, werde ich sie kaum anderen vermitteln können. In dieser Beziehung haben auch viele Fragezeichen ihren Platz, ihr Recht, viele Unsicherheiten – denn nur so bin ich selbst dabei. Das macht es mir leichter, und meinen Zuhörern wird der Redeinhalt zugänglicher, oder auch: ich werde zugänglicher.
Anders gesagt: Jede Predigt, die einer hält, hat unvermeidlich mit der *Identität* des Predigers zu tun. Je freier es gelingt, mit der eigenen Identitätsproblematik umzugehen, desto mehr Freiheit erfährt auch der Hörer. Der Prediger braucht keinen Heiligen aus sich zu machen. Das gelingt nicht, schon gar nicht durch Worte in der Predigt. Denn der Hörer weiß es schon vor der Predigt, daß der Prediger kein Heiliger ist.

· *Ich möchte* auf meine Weise die Chance wahrnehmen, die in der nach wie vor großen Erwartungshaltung fast unbegreiflich vieler Menschen gegenüber der sonntäglichen Predigt besteht. Wie diffus diese Erwartungen sind, interessiert mich nicht an erster Stelle. Mich interessiert, daß Sonntag für Sonntag so viele »etwas« erwarten. Rund anderthalb Millionen Menschen hören allsonntäglich in einem evangelischen Gottesdienst eine Predigt. Das sind im Jahr etwa 75 Millionen Menschen, nicht mitgerechnet die Predigthörer bei Trauungen und Bestattungen, auch nicht mitgerechnet die katholischen Predigthörer (die die Zahl mehr als verdoppeln würden!). 75 Millionen evangelische Hörer – d.h.: Wie immer man den gesellschaftlichen Ort von Kirchen und christlichem Glauben beurteilen mag, es gibt in der Bundesrepublik keine andere Institution, keine andere Attraktion, die regelmäßig und kontinuierlich, Jahr um Jahr, Woche für Woche, Sonntag für Sonntag, eine auch nur annähernd vergleichbare Zahl von Menschen face to face anspricht.
Das könnte auf den Prediger geradezu erdrückend wirken. Dagegen steht eine andere Überlegung: Wo viel von mir *erwartet* wird, da bin ich zu mehr fähig als dort, wo mir Interesselosigkeit begegnet. Es mag für manchen frustrierten Prediger kaum zu glauben sein, aber es ist so: es gibt viele Menschen, die viel von der Predigt erwarten. Das läßt sich nicht wegreden.

· *Ich möchte* so predigen, daß mich Menschen verstehen, die mit der Kirche gar nichts zu schaffen haben. Daß sie mitvollziehen können, was ich sage – vielleicht ist dies mein wichtigstes Kriterium! (Was ja nicht heißen muß, daß sie mir zustimmen.) Ich könnte sogar sagen: Ich möchte immer auch für (nicht: gegen!) die predigen, die *nicht* kommen. Denen, die kommen, wird damit nichts genommen oder vorenthalten. Denn ich glaube nicht, daß die, die kommen, und die, die nicht kommen, bei Lichte besehen, zwei verschiedene Menschenrassen darstellen.
Vielleicht sollte sich der Prediger dann auch die unangenehmste Frage nicht ersparen: Säße ich denn selbst regelmäßig in der Kirchenbank, wenn ich nicht Sonntag für Sonntag auf der Kanzel stehen müßte? Bin ich vielleicht nur deswegen regelmäßig in der Kirche, weil ich nicht Hörer, sondern Prediger bin? Ob da das Drinnen und Draußen zwischen dem Kirchgänger und dem Mann auf der Straße nicht noch problematischer wird?

1. Schema der Predigtvorbereitung –

oder:

So einfach ist es . . .

Ist einer im Reden behutsam, wird er milde, sanft, bescheiden. Wenn er nämlich seinen Mund hält und seine Zunge wahrt und nicht redet, bevor er nicht seine Worte prüft und überschlägt und abwägt, ob dies zu sagen sei, ob es diesem gegenüber zu sagen sei, ob es der rechte Zeitpunkt zu solcher Rede sei, so übt er in der Tat Bescheidenheit und Sanftmut und Geduld.

Ambrosius

Wir werden in den folgenden Abschnitten die Hauptperspektiven der Predigtvorbereitung kennenlernen. Es geht dabei um den Versuch, das gesamte Arbeitsfeld Predigtvorbereitung schematisch zu erfassen. Es geht also nicht darum, daß jeder jede Perspektive immer verfolgen wird.
Die *Auswahl* und die *Kombination* verschiedener Perspektiven ist immer auch eine subjektiv zu treffende Entscheidung. Der erfahrene Prediger, der allsonntäglich in der Gemeinde, die er kennt und die ihn kennt, predigt, wird anders aktzentuieren als der Kandidat für die Examenspredigt. Ebenso fordern unterschiedliche Predigtsituationen verschiedenartige Überlegungen. Aber das Schema kann auch helfen, sich Rechenschaft darüber abzulegen, welche Perspektiven man im konkreten Fall nicht verfolgt. Weil also die durchaus subjektive Akzentuierung der Vorbereitungsschwerpunkte so richtig wie wichtig ist – gerade darum ist es *notwendig,* sich das perspektivenreiche Feld der Vorbereitung insgesamt vor Augen zu führen.

Was muß das Schema leisten, und welche Fehlschlüsse darf es gerade nicht provozieren?
Um den entscheidenden Fehlschluß, dem auf jeden Fall zu widerstehen ist, vorwegzunehmen: Das Schema darf keine Hierarchie oder zwingende »logische« Abfolge der Vorbereitungsschritte unterstellen. Das wäre die Todsünde, es wäre der inszenierte Krampf, weil dann nämlich die Predigt an einem *Prinzip* orientiert wird. Wenn aber Predigt im vielfältigen Sinn – hinsichtlich der Situation, der Hörer, des Predigers, der Inhalte: und dies alles ist unentwirrbar miteinander verschränkt! – lebensbezogen ist, dann kann sie nicht an Formalprinzipien orientiert vorbereitet werden, sondern nur in einem Prozeß, der dem Leben abgewonnen ist. Die Reflexion unseres Lebens verläuft aber – hoffentlich – nicht nach Prinzipien, sondern in Schritten, deren Reihenfolge verschiedenartig ist, deren Anfangspunkt an unterschiedlichem Ort liegen kann, bei denen es auch »Springprozessionen« im Vorwärts und Rückwärts gibt.
Welches Bild bietet sich dann für das Schema an?
Der *Kreis.* Und ich kann in den Kreislauf der Reflexion einsteigen, an welcher Stelle ich es will. Notwendig ist dann aber, sich klar zu machen, welche »Hauptthemen« im Fragekreis der Vorbereitung auftauchen. Noch einmal: *Nicht,* um immer alle zu durchlaufen, wohl aber, um das gesamte Spektrum im Sinn zu haben und sich gegebenenfalls selbst kontrollieren zu können, wie man aus gegebenem Anlaß seine Schwerpunkte setzt – was

man reflektiert und was nicht. Hier sollte man nicht unwissend sein. Man kann ja alles tun, aber es schadet nie zu wissen, was man warum tut und was man warum nicht tut.

Aus solchen Überlegungen hat sich mir das Bild des *rhetorischen Zirkels* ergeben:

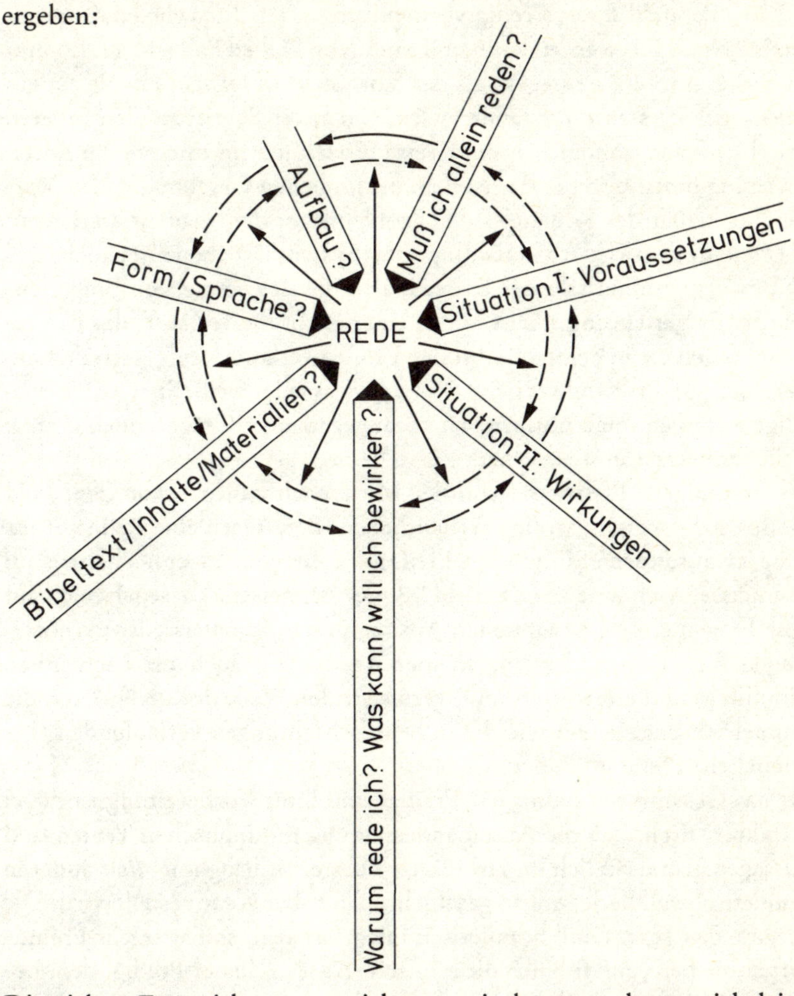

Die sieben Fragerichtungen, stichwortartig benannt, lassen sich leicht konkretisieren. Die Konkretisierung wird anders aussehen je nach Biographie des Predigers und je nach der Eigenart der Gemeinde. Sie wird auch anders aussehen, ob ich eine Bestattung vorbereite oder den Weihnachtsgottesdienst, und schließlich anders in der Form und Ausführung, ob ich die Predigtvorbereitung im Theologischen Examen einzureichen habe oder als Gemeindepfarrer mich auf den Sonntagsgottesdienst vorbereite.

Die sieben Fragerichtungen erfassen in ihrer Summe das gesamte Fragen- und Problemfeld einer Predigtvorbereitung. Der Tatsache, daß in der Praxis ausgewählt werden kann und muß, von Fall zu Fall anders, kommt der Zirkel insofern entgegen, als der Vorbereitungsgang nicht als ein geschlossenes »System« verstanden wird, in dem ein Schritt auf den anderen logisch aufbaut, sondern als ein Kreis. Wo ich jeweils mich in die Kreisbewegung hineinbegebe, das ist dem persönlichen Geschmack, den Vordringlichkeiten der Situation, der Problemlage, dem Anlaß überlassen. Gleichzeitig gilt: Die Ausschaltung jeder Systemhärte bedeutet auch, daß die Bewegung innerhalb des Kreises, also die Bewegung von Fragerichtung zu Fragerichtung, nicht nur in einer Richtung verläuft; das ist graphisch durch die in beiden Richtungen außen verlaufenden (gestrichelten) Pfeile dargestellt. Konkret heißt es etwas, was jeder weiß: Spätere Überlegungen können mich nötigen, zu vorangegangenen Fragen noch einmal zurückzukehren und sie erneut zu stellen.

Die (fettlinigen) Pfeile, die von der Mitte nach außen – von dem Feld »Rede« aus – weisen, wollen verdeutlichen: Bereite ich eine Rede vor, so stoße ich auf Fragen (dünnlinige Pfeile), die ihrerseits, wenn ich mich auf sie einlasse, nach innen in das Feld »Rede« verweisen. Lasse ich mich auf diese Fragen ein, so gewinne ich Ansatzpunkte, Hinweise, Konkretisierungen für die Ausarbeitung meiner Rede. Also auch die nach innen (dünnlinig) und außen (fettlinig) verweisenden Pfeile dokumentieren die Doppelrichtung, genau wie die in beiden Richtungen verlaufenden (gestrichelten) Pfeile im äußeren Kreis.

Für das Gesamtverständnis der Predigt und ihrer Vorbereitung ist dabei charakteristisch, daß die Auseinandersetzung mit biblischen Texten und Aussagen grundsätzlich im zirkulären Zusammenhang mit *allen* anderen homiletischen Überlegungen geschieht, nicht aber vorangestellt wird. Die Exegese des Textes will homiletisch integriert sein, soll sie nicht Fremdkörper bleiben (und folglich die biblische Aussage in der Predigt dem Leben der Hörer gegenüber fremd bleiben).

Henning Luther (s. 11. Bibliographie) hat, an verschiedenartige neuere Überlegungen anknüpfend, ein interessantes Stufenmodell für die Predigtvorbereitung entwickelt, das sich dadurch auszeichnet, die im »rhetorischen Zirkel« gemeinten Arbeitsschritte systematisch klarer zu strukturieren, als das im Bild des Kreises möglich ist. Daher stelle ich sein Stufenmodell hier neben mein Zirkelschema. Beide interpretieren sich weitgehend gegenseitig, und auch die grundsätzlichen Bemerkungen zu Anfang dieses Abschnittes gelten für beide:

	Stufe I	Stufe II	Stufe III
Handlungintention	Wahrnehmen / Erfahren	Verstehen/ Deuten/Werten	Wirken/ Überzeugen
Handlungsform	Sammlung/ Beobachtung	Interpretation	Produktion
Struktur der homiletischen Trias	Text/Thema Situation/ Gemeinde → E Prediger ("me") E = Prediger ("I")	Text/Thema Situation/ Gemeinde Prediger	Predigt Prediger Hörer/ Gemeinde Interpretation
Handlungsfocus	Lebenszusammenhang des Predigers	Text/Thema	Hörer/ Gemeinde
Handlungs-dimension	Empirie/Exegese	Hermeneutik	Rhetorik

Vielleicht muß man das Stufenmodell gegen ein naheliegendes Mißverständnis ausdrücklich schützen: Die Stufen I, II und III sind weniger ein »chronologisches« Schema, also sie meinen nicht unbedingt die unveränderbar notwendige Abfolge von drei Schritten; es handelt sich eher um ein »systematisches« Schema, das helfen soll, die Schritte, die man auf verschiedenen Ebenen tut, zu *orten* und zu *ordnen*.

Für beide Modelle oder Schemata, für den »Zirkel« wie für das »Stufenmodell« gilt:
Sie zeigen die Bewegungen der Homiletik der letzten Jahre. Die Wiederentdeckung der Situation, des Hörers und des Predigers laufen in einer neuen Wertschätzung der Rhetorik und ihrer Bedeutung für die Homiletik zusammen. Wer heute eine Predigt vorbereitet, tut es vor diesem Horizont, und in diesem Zusammenhang muß er seine einzelnen Schritte ver-

antworten, welchem Vorbereitungsmodell er auch zuneigen mag. Dabei ist deutlich: Historisch-kritische Exegese dürfte ein unverzichtbarer Arbeitsschritt auf dem Weg zur Predigt sein, solange Predigt mit biblischer Überlieferung zu tun hat – aber das *Selbstmißverständnis* sowohl der Exegese wie der Predigt, wonach sich Predigten aus historisch-kritischer Exegese gleichsam deduzieren lassen, muß überwunden werden, wenn die Predigt die Situation des Hörers erreichen soll. Erst in dieser Zuspitzung ist die homiletische Fragestellung erreicht. Für das »produktive« Interesse, das Predigt haben muß, ist die biblische Überlieferung insgesamt *fundierendes* und *inspirierendes* Material.

2. Das Homiletische Tagebuch –

oder:

Der Anfang liegt außerhalb der Predigt(vorbereitung) . . .

Schreiben: weil der Verwandlungsprozeß, bei dem ich Text werde, ein dialektischer Regenerationsprozeß ist: ich verliere und gewinne zugleich . . .
Solange man schreibt, ist der Untergang gebannt, findet Vergänglichkeit nicht statt, und darum schreibe ich: um die Welt, die pausenlos in Nichts zerfällt, zu ertragen.

Günter Kunert

Predigten entstehen nicht allein aus innertheologischen Überlegungen. Wer eine Predigt vorbereitet, muß zugleich mehr und auch ganz anderes tun, als einen historischen Bibeltext nach allen Regeln der Kunst exegesieren, um aus ihm Leitlinien für eine gegenwärtige Predigt zu gewinnen. Für eine Predigt, die den Hörer in seinem konkreten Leben erreichen soll, ist neben und im Zusammenhang mit der innertheologischen Reflexion notwendig: die Teilnahme am Leben in der Alltagswelt, die Wahrnehmung des Augenblicks, seiner Herausforderungen und Anrufe. In einem Wort: *die Erfahrung der Zeitgenossenschaft.*

Aus solcher Erfahrung wächst *Kompetenz* zu. Wenn klar ist, daß Kompetenz eine Summe, ein Ensemble von Fähigkeiten und Wahrnehmungen bezeichnet, dann ist auch deutlich, daß die Erfahrung der Zeitgenossenschaft allein noch keinen Prediger macht. Aber – das ist meine These gegen weltfremde Theologie, die in Wahrheit keine ist – ohne diese Erfahrung bündelt sich auch nichts anderes zur Kompetenz.

Erfahrung der Zeitgenossenschaft wird fruchtbar erst, wenn sie formuliert wird, wenn sie Sprache wird. Gemeint ist dabei primär Alltagserfahrung, in sie eingeschlossen auch religiöse, aber sicher nicht umgekehrt. Der Zwang zur sprachlichen Form ist der Weg der Reflexion, den ich mir nicht schenken darf, wenn ich nicht im Flüchtigen bleiben will. Das aber kann ich nicht, wenn ich anderen predigen soll. Also wieder: die Frage der Kompetenz.

Als eine Möglichkeit der sprachlichen Fixierung, der Bearbeitung von Erfahrungen und Beobachtungen, bietet sich das »Tagebuch« an. Nicht so sehr das intim-narzißtische à la Thomas Mann (so erhellend das auch für den Leser ist), sondern das Tagebuch eher als Journal, als »Kladde« für Alltagsmaterial, für Gehörtes, Gesehenes, Erfahrenes, Gelesenes, dem sich hier oder da kurze Reflexionsstücke anschließen mögen.

Um ein wenig zu dokumentieren, was das heißt, teile ich ein paar Notizen aus den Jahren 1977/78 mit. Sie sind im Zusammenhang des Homiletischen Seminars jeweils zu Beginn einer Sitzung im WS 1977/78 als Beispiel verwendet worden. Ich möchte damit in der vollen Begrenzung des zufälligen, subjektiven Erlebens zeigen, welche aktuellen Momente und Motive, auch welche außerkirchlichen Reden, mich jeweils beeinflussen, also auch in der Vorbereitung einer Predigt von Grund auf mitbestimmen. Nur so, scheint mir, kann es gelingen, Theologie in jenem Horizont zu sehen, innerhalb dessen sie allein belangvoll ist: im Horizont von *Erfah-*

rung und *Reflexion.* Erfahrung ohne Reflexion ist gedankenlos. Reflexion ohne Erfahrung ist leblos.
Meine Hoffnung ist dabei, daß solche Formulierungsversuche – als Nötigung, Erfahrungen und Beobachtung sprachlich zu reflektieren – dem Prediger helfen könnten, jene Kompetenz zu erwerben, »als Erwachsener mit Erwachsenen zu reden« (H. Stock).

27.10.1977:

Zwei Beobachtungen im Zusammenhang des *Geiseldramas von Mogadischu* und der *Entführung von Hanns-Martin Schleyer.*

Die Rede des Bundeskanzlers vor dem Bundestag am Donnerstag, dem 20. Oktober 1977, enthält zwei Stellen, in denen direkte theologische Bezugnahmen deutlich werden.
Ziemlich am Anfang der Rede heißt es:

»Somalia hat ein Beispiel gesetzt für die unerläßliche internationale Zusammenarbeit, durch die allein eine erfolgreiche Bekämpfung des Terrorismus möglich ist. Möge dieses Beispiel in allen Ländern der Welt auf fruchtbaren Boden fallen. Vielleicht darf ich das, was dort sich ereignet hat, mit einem biblischen Gleichnis umschreiben. Unser schwarzer Bruder war der Barmherzige Samariter, der den unter die Räuber gefallenen Weißen aus seinem Elend errettete. Politisch heißt dies, Solidarität zeigten gerade diejenigen, denen einige in unserm Lande kritisch oder sogar ablehnend begegneten, weil sie für die Gestaltung ihrer Gesellschaft einen anderen Weg gewählt hatten als wir. Wir in der Bundesrepublik haben erfahren, was es bedeuten kann, wenn Solidarität keine Grenzen kennt. Und wir alle haben die Verantwortung dafür, daß uns nicht nachgesagt werden kann, es sei leichter, Solidarität zu empfangen, als sie zu geben.«

Und der Schlußabschnitt der Rede lautet:

»Die Verpflichtung dem Ganzen gegenüber umfaßt auch, dem Schwachen zu helfen, Minderheiten nicht auszuschließen und gegenüber Andersdenkenden Respekt zu bewahren. Wer aber aus dieser humanen Geschichte heraustritt, wer an die Stelle des demokratischen Rechts das Faustrecht der Gewalt setzt, der erlebt eine Ausweglosigkeit, in der vermeintliche Macht bis in Selbstzerstörung umschlagen kann.«
»Am Schluß, meine Damen und Herrn, wer weiß, daß er so oder so trotz allen Bemühens mit Versäumnis und Schuld belastet sein wird, wie immer er auch handelt, der wird von sich selbst nicht sagen wollen, er habe alles getan und alles sei richtig gewesen. Er wird auch nicht versuchen, Schuld und Versäumnis den anderen zuzuschieben, denn er weiß, die anderen stehen vor der gleichen unausweichlichen Verstrickung. Wohl aber wird er sagen dürfen, dieses und jenes haben wir

entschieden, jenes und dieses haben wir unterlassen, aus diesen und jenen Gründen, und alles dies haben wir zu verantworten. Die Bundesregierung wird noch Gelegenheit nehmen, all ihre Entscheidungen, ihre Gründe, auch ihre Zweifel, öffentlich darzulegen. Zu dieser Verantwortung stehen wir, auch in Zukunft. Gott helfe uns.«

Einige Überlegungen zu den beiden Zitaten:
– Was bedeutet es eigentlich, daß ein Politiker angesichts einer gar nicht »religiösen« Situation kein treffenderes Sprachmaterial findet als ein biblisches Gleichnis – was bedeutet das zum Beispiel für *unseren* Umgang mit solchem Text?
– »Gott helfe uns«: Offenkundig bekommt dieser Satz in dem Maße Gewicht und verliert alle Formelhaftigkeit, in dem er in den Ernst eigener Handlungsversuche eingebettet ist. Fast hat man in Schmidts Kontext den Eindruck, *so* bedürfe der karge Satz, der Name Gottes, auch nicht eines einzigen Wortes der Interpretation. Hängt also die Möglichkeit der Rede von Gott am *Kontext*? Ich vermute: ja.

Ich füge eben noch einen Blick auf die Trauerfeier an, jene Trauerfeier, die zugleich eine Begrüßungsfeier für die Geretteten war, auf dem Frankfurter Flughafen am 18. Oktober 1977. Sie hob sich von allen vergleichbaren Feiern von Grund auf ab. Eine Trauerfeier: in zweistündiger Vorbereitung improvisiert, ohne schwarze Kleider, mit durch Beifall begrüßten Teilnehmern, mit Beifallskundgebungen während der Ansprachen, Gesichter, die Glück, Leiden und Leid in einem zeigten . . .
Was ist da eigentlich geschehen? Ich meine dies: Menschen, die nach unvorstellbarer Belastung einer allerersten Möglichkeit der Artikulation bedurften, haben sich des *Rituals* der Feier bedient – aber sie haben das Ritual zugleich *durchbrochen.* Dies gerade hat jener Feier ihr unverwechselbar menschliches Gesicht gegeben. Die angebotene Form des Rituals war nötig, aber sie reichte nicht – und die Spontaneität der total Geschwächten fand Züge einer neuen Form: Weinen *und* Lachen, Trauerfeier mit Beifall . . .

10.11.1977:

In der vergangenen Woche *Tagung einer Kirchensynode* – eine Episode geht mir nach.

Vor der Tagung der Synode hatte der Theologische Ausschuß die Diskussion über die Revision der »Lebensordnung« vorzubereiten. Den Synoda-

len lag der erste Abschnitt »Von der heiligen Taufe« zur Stellungnahme vor. Im Theologischen Ausschuß war ein Problem- und Fragenkatalog vorbereitet worden. Er besteht aus fünf Abschnitten, in denen jeweils ein längeres Zitat aus der »Lebensordnung« am Anfang steht; darauf folgt ein Satz, in dem Sinn und Absicht des Zitates positiv unterstrichen werden, und am Schluß steht jeweils eine Reihe von drei bis fünf *Rückfragen*.
Um diese Fragen geht es. Die Absicht war, mit Hilfe der Fragen die Synodalen dazu zu bringen, ihre eigene Intention, ihr eigenes Verständnis zu überprüfen und gleichsam noch einmal »neu« zu formulieren. Vorgestellt war dabei die konkrete Situation: Es kommt jemand auf dich zu und *befragt* gerade das, was du für richtig und wichtig hältst. Deswegen steht es ja in der Lebensordnung, zum Teil sogar sehr vollmundig. Also müßte es möglich sein, den Test auf die Formulierungen der Lebensordnung ebenso wie auf das eigene Verständnis von Taufe dadurch zu machen, daß man sich selbst und seine Auffassung – und nun ganz wörtlich gemeint: – *in Frage stellen* läßt.
Das Echo war erschreckend. »Das sind Killer-Fragen«, sagten die einen. »Die glauben ja noch nicht einmal mehr an die Taufe«, sagten andere. »Das sind ja gar keine Fragen, sondern das sind Unterstellungen«, sagten die dritten. Und unausgesprochen hieß es bei Vielen: So was wollen wir nicht.
Solche Reaktionen geben zu denken.

Die Frage als Bewegung des Denkens, die Frage als Lebensatem des Glaubens, die Frage als die zwingende Voraussetzung, von der her Antworten allererst Leben gewinnen – das ist in der Kirche offenbar noch immer nicht selbstverständlich. Aber: Nur wer sich selbst in Frage stellen läßt, kann in der Lage sein, dem etwas Hilfreiches zu sagen, dem alles fraglich geworden ist. Offenbar reicht bei vielen von uns die Kraft dazu nicht aus. Offenbar machen Fragen Angst, und wenn man diese Angst weder sich selbst noch andern eingestehen darf, muß man natürlich den Spieß umdrehen und den Fragesteller als destruktiv denunzieren.
Woran mag dies liegen? Doch sicher auch an der Geschichte der Predigt und des Unterrichts bei uns. Es könnte solche Haltung ja nicht derart Platz greifen, wenn sie nicht in der Kirche selbst gefördert worden wäre. Offenbar wirkt noch immer die Tradition, nach welcher zum Glauben eher die Kenntnis richtiger Antworten als der Mut bohrenden Fragens gehört. Es gibt oft auch in »modernen« Predigten eine Sicherheit der Aussa-

ge, eine Stabilität der Mitteilung des allein für richtig Gehaltenen, daß einem Angst werden kann. Auch wenn man die Position des Predigers teilt, ist Indoktrination tödlich, und der Tod kommt im Gewand der Unfähigkeit zu fragen und Fragen auszuhalten daher.
Ich ziehe daraus den Schluß: Offene Fragen, Anleitung zum Fragen, Hilfen zum Weiterfragen sind in der Predigt wichtiger als die Weitergabe richtiger Antworten.

22.12.1977:

Eine Beobachtung:

Nach einer ökumenischen Trauung steht der beteiligte katholische Geistliche am Portal der Kirche. Er trägt ein weißes Chorhemd, erkennbar gutes Gewebe, vorzüglich geschnitten, exquisit gebügelt, ein lichtes Gewand, von eigentümlicher Eleganz; wohltuend: so etwas in der Kirche zu sehen.
Das Chorhemd reicht bis zur Mitte der Waden. Dann folgen, deutlich erkennbar: hellgrau-bläuliche Jeans, die auf gelbbraune quadratlatschenartige Schuhgebilde fallen, zieharmonikaartig.
Ist dies Bild wünschenswert?

Unsere katholischen Kollegen und die katholische Kirche insgesamt hatten und haben aufgrund großer Traditionen ein elementares Verhältnis zu *Formen*, in der Liturgie, in Verhaltensweisen, in der Kleidung. Wenn man ein Requiem für einen hohen katholischen Geistlichen im Mainzer Dom miterlebt oder einen vergleichbaren katholischen Gottesdienst oder auch das öffentliche Auftreten eines katholischen Repräsentanten in säkularer Szenerie – es ist zu greifen, wie hier gekonnte und geprägte *Formen* bereitstehen, um sowohl Gottesdienst wie Leben überzeugungskräftig und wirkungsvoll artikulieren zu helfen.
Natürlich gibt es die Kehrseite: Entleerung der Formen, Formalismus . . . Aber was hat keine Kehrseite?
Daß in der Folge des II. Vatikanischen Konzils dem Formalismus abgesagt wird, daß die Gefahren gesehen werden, das ist zu begrüßen. Schade wäre – für *beide* Kirchen! –, wenn dabei die Kraft eindrücklicher Form verloren ginge.

Ich möchte dies, anknüpfend an die geschilderte Episode mit dem katholischen Geistlichen im Portal der Kirche, von allen gewichtigen sogenannten theologischen Reflexionen, Begründungen und Bedenken unabhängig betrachten. Es ist (für mich) ein *ästhetisches* Problem. Freilich in diesem Sinn: *Ästhetisch* meint hier annehmbare, nicht irritierende, sondern überzeugungskräftige, »ansehnliche« *Selbstdarstellung*.
Dazu zwei Anmerkungen:

– Wenn man sich häufig auf kirchlichem Parkett bewegen muß – bei Empfängen, bei Begegnungen zwischen Kirche und anderen Gruppierungen, bei Trauerfeiern usw. – dann fällt unverkennbar auf, daß so etwas in der katholischen Kirche unbestreitbar oft »gekonnter« verläuft als bei uns. Und das ist eine Erleichterung, nicht nur im äußerlichen Sinn. Form kann tragen und auch konzentrieren. Formlosigkeit kann desorientieren und zerstreuen. Das fängt oft dabei an, daß es eine Wohltat ist zu wissen, wo man seinen Platz hat. Es setzt sich fort in geprägter Sprache, die für alle – das heißt für Menschen unterschiedlicher Herkunft und Tradition – ein gemeinsames Dach bereitstellt.
– In diesem, im *ästhetischen* Zusammenhang steht für mich auch die (kürzlich viel diskutierte) Frage, ob der *Talar* des Pfarrers abzuschaffen sei, weil er unnötige Distanzen zwischen Pfarrer und Gemeinde schaffe. Dies »theologisch« zu diskutieren finde ich grotesk, weil völlig weltfremd. Meine Argumente *für* den Talar – wie immer er geschneidert sein mag – haben mit Theologie oder Liturgie oder Amtsverständnis des Pfarrers rein gar nichts zu tun. Sie liegen ausschließlich auf »ästhetischer« Ebene:
Da ich viele Pfarrer und Pfarrerinnen verschiedensten Alters, angefangen beim Nachwuchs, bei Studenten, kenne, kenne ich auch die Situation. Und die ist so: Der Geschmack, einmal abgesehen von finanziellen Einschränkungen, dem viele unterliegen, der Geschmack, genauer: der Nicht-Geschmack in Sachen Garderobe, bei Pfarrern wie bei Pfarrerinnen, ist in allzu vielen Fällen so beschaffen, daß der verhüllende Talar als Wohltat erscheint. Wer vor fünfzig oder zweihundert Menschen vor dem Altar steht, sieht im Talar – wie antiquiert der auch sein mag – weniger irritierend, also konzentrierender aus als in verschieden langen, Hochwasser anzeigenden Hosenbeinen oder schlecht sitzenden, unmotivierte Falten schlagenden Jacken und Blusen oder farblich in die Augen stechenden Umhängetüchern.

Ich halte das für ein Argument. Darum bin ich für den Talar, auch für Formen – freilich für souverän gehandhabte, aber *für Formen.*

5.1.1978:

Eine Woche lang mehr Ruhe als sonst, gesteigert durch eine überdimensionale Erkältung, die mich von Menschen und die mir Menschen fernhielt – ich habe mich dabei ertappt, daß ich Bücher verschlungen habe: Goebbels' Tagebücher, Schmelings »Erinnerungen«, Brigitte Schwaigers Roman »Wie kommt das Salz ins Meer«, Hans Joachim Schädlichs Prosastücke »Versuchte Nähe« und noch einmal Reiner Kunze.

Es ist mir noch deutlicher geworden: Lesen heißt, sich an *Erfahrungen* anderer bereichern. Da wir nicht alle Erfahrungen selbst machen können, sind wir darauf angewiesen, daß andere ihre Erfahrungen artikulieren und so nach-lesbar, in Grenzen nach-erlebbar machen. In direkter Form geschieht dies in biographischer Literatur; indirekt, verschlüsselt, umgesetzt in der Dichtung.
Arm ist, arm bleibt, wer nur das schmale Feld eigener Erfahrung hat. Es macht in aller Regel nicht reich genug, um einen *Redner* in den doppelten Stand zu versetzen, der Ausgangspunkt jeder Rede ist: die Situation der Hörer, *fremder* Hörer mit anderen als meinen Erfahrungen annähernd zu verstehen, und auch noch zu wissen, was zu ihnen zu sagen sei. Wer lesend Erfahrungen anderer aufnimmt, also *zusätzlich* zum mitgelebten Leben, hat es in beiderlei Hinsicht leichter.
Zufällige Lesefrucht für diesen Zusammenhang:
»Oft, liebe Schwestern, solltet ihr weniger beten und mehr lesen. Lesen ist ein gutes Gebet. Lesen lehrt, wie und wofür wir beten sollten« (aus einer mittelenglischen Anachoretinnen-Regel um 1200 für drei Ordensschwestern).

19.1.1978

Wir haben im Homiletischen Seminar über zwei verschiedene Verständnisse von Theologie gestritten: hier das verständliche Interesse an möglichst unmittelbarer, direkter Rede von Gott, Gottes Wort, Heiligem Geist und Gebet – dort die Sorge um Vermittlung und Übersetzung aller theologischen Begriffe und Inhalte in konkretes menschliches Leben und Verhalten hinein. Das ja keineswegs neue Problem hat mich weiterbeschäftigt.

Der (zufällige) Anlaß, bei einer Ordination ein paar Sätze sagen zu müssen, gibt mir Gelegenheit, das nur scheinbar theoretische Problem zu »adressieren«, es im Blick auf drei Menschen, die ich kenne, im Blick auf deren Person, Leben und Arbeit – also auch ganz und gar bezogen auf ihre künftige Predigttätigkeit – noch einmal zu formulieren. So scheint mir die Alternative leichter überwindbar als in einer prinzipiellen Debatte (wie so oft). Ich werde sagen:
»Ich wünsche Ihnen, NN und NN und NN, als ihr Lehrer, anläßlich Ihrer *Ordination zum geistlichen Amt* etwas sehr Elementares:
Ich wünsche Ihnen das notwendige große Maß an *Menschlichkeit*, das unseren Glauben erst mitteilbar macht.
Unser Glaube ist wohl Gottes Gabe, wie wir sagen, aber *daß* er's ist und *was* er ist, das können wir anderen nur mitteilen, wenn wir ihr Leben – also das Leben derer, an die wir als Pfarrer gewiesen sind –, wenn wir deren Leben als Zeitgenossen ganz und gar zu teilen bereit sind.
Darum: Unverstellte *Menschlichkeit* und ehrliche *Zeitgenossenschaft* – das macht einen Pfarrer aus, der seiner Gemeinde sagen will, was Glauben heißt.
Ich wünsche Ihnen die Kraft – und die Schwachheit, diesen Weg zu gehen.«

26.1.1978:

In meinem Briefkasten lag ein *Flugblatt,* eine scharfe Attacke gegen den »Geist« der Bundesrepublik, in Form einer Parodie. Der parodistische Charakter ist unverkennbar (die Rechtsprobleme, die durch Unterschrift und nachgeahmtes Siegel entstehen, verfolge ich hier nicht). Nachdenklich machen folgende Beobachtungen:

– Die Parodie ist als sprachlich-literarische Form oftmals viel erhellender, auch enthüllender und überzeugender als die programmatisch-thesenhafte Aussage. Was steckt dahinter, daß wir in der Theologie fast ausschließlich in Form von »Programm«-Aussagen und -Ansagen zu reden gewohnt sind?
– Wie kommt es, daß in neuerer Predigtliteratur (im Gegensatz etwa zum Mittelalter oder Barock) die Parodie völlig unbekannt ist, nicht nur dies: sondern auch vermutlich von der Mehrzahl der Prediger wie der Predigthörer als absolut despektierlich angesehen würde? Warum machen wir in

Predigten als situations- und adressatenorientierten Gelegenheitsreden von der Vielfalt sprachlicher Möglichkeiten und literarischer Formen keinen Gebrauch?

– Könnte es daran liegen, daß wir alle darauf festgelegt sind, von christlichen Inhalten immer nur tierisch ernst, kaum aber locker und unverkrampft zu reden? Liegt das an uns? Oder liegt es an den Inhalten? Oder ist es eine Wirkung kirchlicher Verkündigung? Machen wir die Inhalte krampfig – oder lassen uns die Inhalte verkrampft werden?

– Was steckt dahinter, daß es im Protestantismus kaum Witz und Humor gibt, wohl aber gibt es eine große Zahl katholischer Witze, in denen Gläubige und Geistliche über sich selbst, über ihre Kirche und über manche ihrer Lehren zu lachen vermögen? Und jüdische Frömmigkeit ist ohne die spezifische Form des jüdischen Witzes eigentlich gar nicht vermittelbar.

9.2.1978:

Wir bedürfen der Logik. Ob wir an wissenschaftliche Arbeit denken oder an Alltagsabläufe – es wäre absurd, logisches Denken außer Kraft setzen zu wollen. Aber die Orientierung an wissenschaftlichem Denken läßt uns sehr leicht übersehen, daß die Verabsolutierung der Logik nicht minder absurd ist. Ich habe das neu begriffen bei der Lektüre jüdischer Anekdoten.

Kompagnons

Moschke »Maschke« und Joschke »Knack«, zwei Kompagnons einer Schenke in Nowo Sinkowic, treffen Vorbereitungen, um gemeinsam zum Jahrmarkt »einkaufen« zu fahren. Da sie einander gut kennen und wissen, daß sie bei solcher Gelegenheit imstande sind, die ganze Wochenlosung in der Stadt zu versaufen, leisten sie einander einen Eid: Erstens, daß sie außer dem Einkaufsgeld jeder nur zwei Kreuzer auf ein Glas Branntwein mitnehmen werden, und zweitens, daß sie nur soviel trinken, als jeder bar bezahlen kann.

In der Stadt kaufen sie also ein Fäßchen Branntwein und kehren heim. Auf der Rückfahrt sagte Moschke zu Joschke: »Eine schöne Sache, Joschke, hör zu!« – »Nu, sag!« – »Ich hab in meiner Hosentasche, in Papier eingewickelt, noch ein Vierkreuzerstück gefunden!« – »Und was hab ich davon?« – »Du hörst doch, Joschke, mir ist was eingefallen! Wir haben doch unser Faß Branntwein; eine Häfte davon gehört dir und die andere gehört mir. Wie wär's zum Beispiel, wenn du mir von deinem Teil für einen Vierer einen Trunk verkaufst?«

»Wenn du bar bezahlst, warum nicht?« antwortet Joschke, läßt sich den Vierer geben und zapft seinem Kompagnon dafür ein Maß Branntwein ab. Nach einigen Minuten sagt Joschke zu Moschke: »Mir ist auch etwas eingefallen, Moschke! Was wär dagegen zu sagen, wenn du den Vierer zurücknimmst und mir dafür von dei-

nem Branntwein einen Trunk gibst?« – »Wenn du bar bezahlst – warum nicht?« antwortete Moschke, nimmt den Vierer und zapft seinem Kompagnon dafür ein Maß Branntwein ab.
Nach einigen Minuten läßt sich wieder Moschke vernehmen: »Jetzt, da der Vierer mir gehört, warum soll ich mir nicht noch einen Schluck Branntwein vergönnen? Schenk ein, Bruder, aufs Wohl!« Joschke erhält den Vierer, zapft wieder Branntwein ab und sagt: »Da ich jetzt einen Vierer eingenommen hab, wer kann mir verwehren, noch einen zu zahlen und zu trinken? Schenk ein!«
Als sie in Nowo Sinkowic ankommen, stehen beide schon auf sehr unsicheren Füßen. Da klopft Joschke dem Moschke auf die Schulter und sagt: »Nu, was sagst du dazu? Hat man schon so etwas gehört?«

»Was?«

»Du fragst noch? Zwei Menschen trinken so mir nichts dir nichts ein volles Fäßchen Branntwein aus . . .«
»Sonst wundert dich nichts?«
»Was?«

»Du fragst noch? Ein ganzes Faß für *einen* Vierer!«
Manchmal frage ich mich, ob etwa das Verhältnis zwischen theologisch-dogmatischen Aussagen (in kirchlichen Verlautbarungen, in Predigten, in Gebeten) einerseits und der Realität, der Lebenswelt der Menschen andererseits deswegen so gestört ist, weil wir meinen, Theo-*logie* der Wirklichkeit überstülpen zu können – nach Art der Logik dieser Anekdote. Und dann wundern wir uns, wenn die Leute finden, Worte der Kirche ähneln dem Absurden Theater.

23.10.1978:

Drei scheinbar nebensächliche Beobachtungen am Rande der Beerdigung von K.B. am 20.10.1978 in F. beschäftigen mich. Scheinbar Nebensächliches:

– Der Pfarrer spricht in seiner Ansprache, neben dem Sarg stehend, von dem Verstorbenen immerfort als von »Herrn B.«, und er redet die Anwesenden mit der Formel an: »Liebe Angehörige, sehr geehrte Damen und Herren, die Sie zur Beerdigung von Herrn B. zusammengekommen sind.«
– Der kleine Hügel Erdreich, neben dem Grab aufgehäuft, und die Ränder des Grabes sind abgedeckt mit giftgrünen Decken aus Plastikgewebe, das Gras vortäuschen soll. Erde ist nicht zu sehen.
– In die offene Gruft ist ein Gestänge eingesetzt, das es ermöglicht, den Sarg mechanisch ins Grab hinunterzulassen. An der Stirnseite des Grabes

wird von einem der Träger ein Hebel eingesetzt, und mit Bewegungen, wie wenn einer Wasser pumpt, läßt er den Sarg hinunter. Anschließend klinkt er den Hebel aus und legt ihn auf die grüne Plastikdecke.

Diese drei Beobachtungen gehören zusammen. Das war mir erst gar nicht klar, aber je länger mich beschäftigt, was sich da abgespielt hat, desto deutlicher wird mir, daß es alles in dieselbe Richtung weist.
Ich liebe die kirchliche Anrede »Brüder« und »Schwestern« ganz und gar nicht (und benutze sie auch kaum), weil sie durch die Kirche selbst und ihre Praxis so mißbraucht worden ist. Aber es gibt Lebenssituationen, in denen wir alle nicht mehr distanzierte »Damen« und »Herren« sind, sondern einander und der Situation *verbunden* sind, hier in der gemeinsamen Beziehung auf den Tod, gleichsam Hand in Hand in einer Reihe, also: als Brüder und Schwestern. Wer hier »Damen« und »Herren« sagt, läßt elementare Beziehung nicht zu und zerstört durch seine Sprache zeitweilig mögliche Gemeinschaft zwischen Fremden, zerstört gemeinsame Bewegung.
Das Wort Erde, nein: nicht das Wort, sondern *Erde* ist voller Symbolik. Es heißt ja nicht zufällig in der Bestattungsliturgie: »Von Erde bist du genommen, zu Erde sollst du wieder werden.« Beziehungsvoll heißt es: Erde zu Erde. Wer bei einem Begräbnis Erde nicht mehr sehen lassen will, nicht mehr ansehen kann, sie häßlich findet und verstecken muß, der kann dann wohl in der Tat nur noch auf den blanken Irrsinn verfallen, sich eines Plastikvorhanges zu bedienen.
Zur Hintergründigkeit, daß ein Toter nicht irgendwo und irgendwie verwahrt wird, sondern daß er *begraben* wird, gehört der Vorgang, ihn in die Gruft durch Menschenhand hinunterzulassen. Das ist auch im Zeitalter der Maschinen keine Nostalgie, sondern es dokumentiert, indem es von Menschenhand geschieht, die Teilnahme des Menschen an diesem Vorgang. Es ist die letzte Geste der Lebenden. Dies ohne jeden ersichtlichen Grund von einer Mini-Maschine machen zu lassen – und die Träger stehen tatenlos dabei –, ist ein Ausweis dafür, daß wir angesichts unseres Unverhältnisses zum Tode drauf und dran sind, das Leben aus den Händen zu verlieren.

3. Die Situation der Gemeinde –

oder:

Statistik ist noch keine Homiletik . . .

Die Fähigkeit der Sprache weist auf ein ursprüngliches Verlangen nach Verständigung, Kommunikation hin.

Heinz Piontek

Insbesondere durch Ernst Langes Arbeiten (dann auch durch die von ihm begründeten »Predigtstudien« im Kreuz-Verlag) sind der Begriff »Situation« und die Situationsbezogenheit der Predigt für die homiletische Reflexion neu zur Geltung gebracht worden.

Examenspredigten und ihre Vorbereitung sind Seismographen dafür, wieweit neue Anregungen bei der nachwachsenden Predigergeneration rezipiert und verstanden werden. Da fällt auf: Weithin meint man, den Situationsbezug der Predigt dadurch zu wahren, daß man zwischen die übliche Textexegese und den Predigtentwurf zwei Seiten über Altersstufung, soziale Schichtung und ökonomische Verhältnisse der Gemeinde stellt, vielleicht noch ein paar Angaben dazu über Gemeindefrömmigkeit, bevorzugte Gemeindeveranstaltungen und (nach Meinung des Verfassers) beklagenswerte Defizite in der Gemeindearbeit. Also alles eher statistische Angaben, die unbestreitbar in Form einiger Nennungen erste Hinweise auf Komponenten der Situationsstruktur geben. Aber das bleibt so lange nutzlos, ja überflüssig, wie nicht jeder solcher Angaben die spezifische Überlegung folgt: Welche *homiletische Konsequenz* ziehe ich daraus für meine vorzubereitende Predigt? Wird diese Frage nicht gestellt und beantwortet, kann man sich die statistischen Angaben getrost schenken. Wir haben es dann mit einer Predigtvorbereitung zu tun, die gar keine ist, weil die homiletische Reflexion ausfällt.

Eine zweite Beobachtung kommt hinzu. Für andere definiert sich die »Situation« aus dem Hinweis auf Krisen- und Katastrophenelemente der politischen Großwetterlage. Hier treten an die Stelle der Statistik (s.o.) politische Generalaussagen: über die Gefahren der Atomkraft, über Ost-West-Probleme, über den Friedensdienst und ob er sowohl mit als auch ohne Waffen möglich sei. Hier gilt Entsprechendes. Die für die Predigtvorbereitung notwendige homiletische Reflexionsebene habe ich so lange noch nicht erreicht, wie ich zur Situationsbeschreibung nur politische Fakten, Wertungen, Positionen *benenne*. Die »Situation« und den ihr entsprechenden homiletischen Überlegungsgang habe ich erst dann erreicht, wenn ich zum Beispiel weiterfrage: Wie stellt sich für diese meine Hörer die (politische) Generalproblematik *speziell* dar? Sie stellt sich für die Bewohner in Brokdorf und für die Bewohner auf der Nordseeinsel Spiekeroog unterschiedlich dar – und *ist* also eine unterschiedliche! Mit welchen Schwellen, Aggressionen, leichteren oder schwereren Zugangsmöglichkeiten habe ich *hier* und habe ich *dort* zu rechnen? *Wie* also werde ich *wovon* reden, und wovon kann ich vielleicht bei diesem Anlaß und vor *diesen* Hörern gar nicht reden? Das sind nicht nur außenseitige Fragen, nicht nur sogenannte »Wie-Fragen«, die auf geschickteres »Machen« hinauslaufen. Vielmehr können solche Fragen, läßt man sich wirklich auf sie ein, das Entscheidende lehren: daß nämlich dieselben Probleme gerade nicht für alle Menschen dieselben sind, sondern im unterschiedlichen Lebensmaterial ihre jeweilige Ausformung immer erst finden, oder mit Brecht: Die Wahrheit ist konkret.

In die Versuche, die Situation der Menschen, zu denen und mit denen ich zu reden habe, zu erfassen, um für die Predigt daraus konkrete inhaltliche Folgerungen zu ziehen, gehört ein dritter Aspekt hinein. Er ist zu verbinden mit Überlegungen zur Lage der Gemeinde und zur politischen Situation der Welt, deren Teil die Gemeinde ist. Bei diesem dritten Aspekt kommt alles auf seine (vielleicht) spannungsreiche Verschränkung mit den beiden anderen an. Erst alle drei Fragerichtungen, in ihren Widersprüchen und Überschneidungen, erfassen wenigstens annäherungsweise (nicht vollständig!), was wir die Situation nennen.
Diese dritte Fragerichtung betrifft den Prediger. Denn er ist ein Teil der Situation seiner Hörer. Gerade so interessiert seine Subjektivität, als etwas, womit seine Hörer zu schaffen haben. Es geht also nicht um subjektivistische Züge in der Predigt und der Vorbereitung »als solche« (was wäre das auch!), sondern es geht um das Subjekt des Predigers in dem hier zur Rede stehenden *Beziehungsgeflecht,* das gleichsam den Boden abgibt für den gesamten Entstehungsprozeß der Predigt.
Die Gefahren der Selbstreflexion des Predigers lassen sich an den unglücklichen Extremen leicht zeigen: eitle Selbstbespiegelung einerseits (»Ach, was hören die Leute doch gerade *mich* so gern«) und krampfhafte Ich-Verdrängung andererseits (»Die Sache des Evangeliums ist alles, auf *mich* kommt es gar nicht an«). Beide Extreme sind von Übel. Sie werden um so eher eintreten, wenn der Prediger in der Reflexion seiner selbst auf Dauer ohne Gesprächspartner ist. Auch Selbstreflexion kann nicht im Monolog verharren – dann ist es Selbstbespiegelung –, sondern sie bedarf des dialogischen Austauschs.

Anders als etwa bei der Auseinandersetzung mit »Materialien« für die Predigt, die sicher nie entfallen kann, wird die Selbstreflexion des Predigers, seines Selbst- und Rollenverständnisses, der Bedingtheiten, denen er durch Biographie und Sozialisation unterliegt und was daraus für seine Hörer folgt, je nach Zeit, Gelegenheit und Anlaß, auch je nach persönlicher Gestimmtheit, mehr oder weniger im Entstehungsprozeß einer Predigt mitschwingen. Aber niemand darf sie sich auf Dauer ganz ersparen. Leidtragende sind dann immer beide, der Prediger selbst ebenso wie die Hörer.

Vielleicht kommt man dem Terrain, auf dem sich solche Auseinandersetzung mit der eigenen Person abspielen kann – nicht zu verwechseln mit skrupulöser Selbstzerfleischung! –, am ehesten nahe, wenn man dafür ein paar Fragerichtungen formuliert, um sich in Abständen auf sie einzulassen, für sich allein, mit Freunden.

Zum Beispiel so:

- Warum eigentlich predige ich gern/nicht gern?
- Wie empfinde ich mein eigenes Lebensalter (einschließlich meiner Herkunft, meiner bisherigen Biographie) gegenüber dem Durchschnittsalter und der Lebenslage der Mehrzahl meiner Hörer?
- Habe ich Schwierigkeiten, meine Predigt zur Diskussion zu stellen? Verteidige ich eigene Aussagen eher? Wehre ich mich gegen Kritik? Oder reizt es mich, sie zu prüfen, sie weiterzudenken?
- Hätte ich lieber einen anderen Beruf? Welchen? Warum?
- Fehlt mir etwas, wenn ich lange nicht predige? Und was ist das?
- Was will ich eigentlich, wenn ich da Sonntag für Sonntag rede?

Oder auch ganz anders formulierte Fragen!

Aber Sinn hat es nur, solche Fragen zu bedenken, wenn man sie rückhaltlos beantwortet – nicht mit den Klischees, nicht mit den vorgestanzten Sprachmustern aus Kirche und Konvention, die gewiß jeder mit Recht in der eigenen Predigt (hoffentlich) für ganz unerlaubt hält.

4. Der Umgang mit der Bibel –

oder:

Wider den »Text«-Fetischismus . . .

Es sagte einmal der Ehrwürdige Herr Doktor Martinus Luther zum Herrn Philippus Melanchthon, item zu Doktor Justus Jonas und andern von der Bibel oder heiligen Schrift, daß sie wäre wie ein sehr großer weiter Wald, darinnen viel und allerlei Art Bäume stünden, davon man könnte mancherlei Obst und Früchte abbrechen. Denn man hätte in der Bibel reichen Trost, Lehre, Unterricht, Vermahnung, Warnung, Verheißung und Dräuung etc. Aber es wäre kein Baum in diesem Walde, daran er nicht geklopft und ein paar Äpfel oder Birnen davon gebrochen und abgeschüttelt hätte.

Martin Luther

Jede Predigt wird im Sachzusammenhang des Glaubens – was immer der Prediger darunter versteht – und seiner Weiterüberlieferung formuliert. Wenn das so ist, dann ist sie stets auch rückgebunden an biblische Überlieferung, also an den »Ursprung« des Glaubens. Das dürfte wohl im Kern kaum zu bestreiten sein, auch wenn man es systematisch anders fassen mag. Aber unklar, oft auch umstritten ist, wie der genannte Sachzusammenhang in der Vorbereitung und Ausführung einer Predigt heute realisiert werden soll. Weil das ein Kernproblem ist, helfen keine steilen Thesen – »Predigt muß immer biblisch sein!« –, sondern eher könnte der Versuch weiterführen, das Problembündel etwas auseinanderzulegen.

Vielleicht kann man die Vielfalt der Fragen, auch der Verlegenheiten, am besten durchschauen, wenn man die möglichen Situationen ein wenig *typisiert,* in die ein Prediger im Umgang mit biblischen Texten bei der Predigtvorbereitung geraten kann. Ich will also pragmatisch einsetzen und vor allem nach der Funktion biblischer Texte fragen, um so auch auf grundsätzlichere Fragen zu kommen. Dieser Weg ist realistischer als der umgekehrte.
Bei solcher Weichenstellung ist sofort deutlich: Die Arbeitssituation des Pfarrers, der sich um einer Predigt willen mit einem biblischen Text beschäftigt, ist eine andere als im exegetischen Proseminar. Das schadet dann nichts, wenn man es sich nicht verschleiert. Es ist wichtig, sich dies bewußt zu machen und die eigenen Möglichkeiten dieser Arbeitssituation zu reflektieren, natürlich auch ihre Gefahren und Grenzen.
Ich unterscheide *vier* verschiedene Arbeitssituationen. Es gibt mehr als diese vier, aber wahrscheinlich lassen sich die meisten anderen auf eine der vier typischen Situationen zurückführen.

1. Arbeitssituation

Der Prediger hat *keine* Predigtidee. Kein besonderer Anlaß, kein besonderes Ereignis, keine »brennende Frage« bestimmen ihn. Es ist für den, der allsonntäglich oder mindestens regelmäßig oder oft predigt, nicht so, daß die aktuell notwendigen Themen nur so purzeln würden, vorausgesetzt der Prediger widersteht seinen Lieblingsinteressen. Niemand sollte unterschätzen, wie sehr der regelmäßige Prediger auf substantielle *Anregungen* angewiesen ist.
In dieser Lage kann die Auseinandersetzung mit dem für die Predigt vor-

gesehenen biblischen Text den Prediger *produktiv* machen. Er wird historisch-kritisch mit der Arbeit am Text beginnen. Traditionsgeschichte, Redaktionsgeschichte, Formgeschichte, möglicherweise eine textkritische Beobachtung können Zugänge eröffnen. Begriffsgeschichtliche Informationen zu einem Leitwort des Textes können weiterhelfen. Sozialgeschichtliche Hinweise werden an einer idealistisch-spiritualistischen Auslegung hindern. Das Ensemble der Methoden und Fragestellungen läßt sich in den sprachwissenschaftlichen Bereich hinein erweitern.
Wichtig ist dabei:
– Keine Methode hat Absolutheitswert. Also sollte man, auch wenn man seinen Favoriten hat, möglichst immer zwei verschiedene Fragerichtungen anlegen.
– Der Text wird (wer könnte das als Prediger leugnen!) mit dem Interesse am *Predigen* befragt. Also muß herauskommen: Worauf läuft es in diesem Abschnitt hinaus? Was ist die Pointe? Gibt es eine Tendenz, ein Gefälle, auf die der Text zusteuert? Kann ich so etwas wie eine »Summe« formulieren?
– Bin ich so weit, schlägt die bisher eher historische Blickrichtung für den um, der eine *Predigt* vorbereitet. Denn er wird sofort weiterfragen: Wo sitzt das, was der Text will, heute? In welchem nichtbiblischen Material kann ich es konkretisieren? Fallen mir literarische Bezüge ein? Bringt die Wirkungsgeschichte etwas? Und wie wäre die Gegenposition zum Text? Gibt es erzählbare Umsetzungen? Beispiele, Gegenbeispiele?
Es ist also deutlich, daß die Exegese im homiletischen Zusammenhang *auswahlhaft* durchgeführt wird. Das kann gar nicht anders sein. Und es ist deutlich, daß dabei das Ziel leitet: ich will predigen. Dies bedeutet, daß noch *innerhalb* der Exegese jener Punkt liegt, wo ich den historischen Horizont des Textes durchstoßen muß – um in »Fortsetzungen«, Umsetzungen, Bestätigungen, Variationen, Widerlegungen, kurz: in Konkretisierungen der alten Überlieferung in Geschichte und Gegenwart hineinzugeraten.

2. *Arbeitssituation*

Der Prediger liest den für die Predigt vorgesehenbiblische Text, zuerst in der Sprache, in der er die Nuancen, die Färbungen, die Assoziationskraft des Textstücks wahrnehmen kann. Sodann liest er neben- und nacheinander zwei oder drei weitere Textfassungen – und *im Lesen* springt ihn ein

Bild des Textes an, kommt ihm ein *Einfall,* entsteht eine *Assoziation,* die ihn in Richtung Predigt führt.
Wie wird der Prediger nun mit seinem Text exegetisch umgehen?
Er hat in diesem Falle für die exegetische Arbeit eine präzise Fragestellung, die die Auswahl der notwendigen Arbeitsschritte begrenzt und akzentuiert. Er wird fragen:

- Befinde ich mich im Widerspruch zur Gesamtintention meines Textabschnittes, wenn ich mich nur auf dieses Bild, auf meinen Einfall konzentriere?
- Oder verzerre ich so die Aussagerichtung?
- Was lasse ich alles fort? Ist das vertretbar?

Die Exegese hat also hier wesentlich *Kontrollaufgaben.* Das ist eine andere Variante der Auswahl von einigen exegetischen Arbeitsschritten, aber genauso wie bei Typus 1 gilt: Die historische Fragestellung ist so notwendig, wie sie unabdingbar auch durchstoßen werden muß.

3. Arbeitssituation

Ein für die Predigt an *diesem* Sonntag *begründbar* notwendiges *Thema* steht im Vordergrund, etwa das Thema »Frieden in der Welt 1981«, weil die Gemeinde eine Friedenswoche durchführt, oder ein *Problem* aus dem Gemeindeleben, oder eine für alle bedrängende, unumgängliche säkulare Fragestellung. Zugleich ist aber für diesen Sonntag auch ein biblischer Textabschnitt vorgesehen.
In diesem Fall liest der Prediger seinen Text mit einer »Brille«, er liest ihn mit einem thematisch- oder problemorientierten Vorverständnis. Das tun wir zwar generell immer, im umfassendsten Sinn, weil wir keine Leseautomaten, sondern lebendige Menschen sind; hier aber geschieht es noch in einem spezielleren Sinn. Der Prediger versucht, für seinen »Fall« dem Text etwas abzugewinnen.
Das ist natürlich. Das schadet auch nichts. Nur muß es *bewußt* erfolgen. Es darf nicht unreflektiert vor sich gehen, so als ob es nur »natürlich« sei, daß der alte Text für mein gegenwärtiges Interesse etwas zu bieten habe. Es ist gar nicht natürlich. Aber im Gang der *Reflexion* meiner exegetischen Beobachtungen kann es sich ergeben, daß über erst gar nicht sichtbare Gedankenverbindungen, über die Beobachtung des sozialgeschichtlichen Hintergrundes oder über weiterführende Assoziationen gerade dieser Text auch in meinem anderen thematischen Zusammenhang etwas zu sa-

gen hat. Die Aufgabe der Exegese ist es, dies zu *erfragen*. Fällt die Antwort auf die Frage negativ aus, scheidet der vorgesehene Text aus.

4. *Arbeitssituation*

Der Prediger stößt bei seiner *außertheologischen Lektüre* auf etwas und denkt: Das wäre etwas für eine Predigt! Das kann der Hinweis auf eine Episode aus einer Biographie sein; das können zwei Zeilen aus einem Gedicht sein, die unsere Welt wie im Spiegel erfassen; das kann ein erhellendes Sprichwort sein, oder eine Sentenz, ein Zitat; das kann eine Kindergeschichte sein usw.

Dieser vierte Typus liegt dicht beim dritten. Der Unterschied liegt aber in der Eigenart des Materials. War es dort ein Thema oder ein Problem, so denke ich jetzt an *literarisches* Material. Das ist deswegen sehr wichtig, weil niemand nur von den von ihm selbst erkannten Themen, Anlässen und Problemen leben kann. Wir brauchen alle Anregungen und Impulse von anderen.

Die besondere Problematik liegt darin, daß ich jetzt zwei »Texte« für die Predigt zu bearbeiten habe: den biblischen Text und den Textabschnitt aus der Literatur. Damit ergibt sich für die Arbeit eine neue Variante: ich muß zwei literarische Produkte miteinander »spiegeln«, einander konfrontieren, sich gegenseitig ergänzen oder bestreiten lassen. Ich werde *beide* exegesieren müssen, ansatzweise, in ausgewählten Aspekten. Auch hier ist es die Funktion der Exegese, Zusammenhänge, Beziehungen, Widersprüche zu *erfragen*.

Mit dem Versuch dieser vierfachen Typisierung – die offen ist für ungezählte Varianten – soll deutlich werden:

– Eine auf biblische Überlieferung bezogene Predigt ist nicht ohne exegetische Arbeit möglich.

– Aber die Exegese ist kein Selbstzweck, sie kann auch nicht in einem vorangestellten Arbeitsschritt »abgehakt« werden.

– Sondern: Die im homiletischen Zusammenhang erfolgende Exegese orientiert sich am Ziel, um dessentwillen sie erfolgt. Das heißt, sie will mit Hilfe des alten Textes sprachfähig machen für heute.

– Also: »Die Aufgabe der Rezeption schlägt auf vielfältige Weise um in die Aufgabe der *Produktion*, in die Aufgabe, selbständig Texte aus Texten zu machen. Mehr noch als die hermeneutische Aneignung scheint dies nun eine Sache künstlerisch-charismatischer Begabung zu sein. Doch das ist hier wie dort ein schwacher Trost. Daß es auch im Bereich des religiös-theologischen Textemachens Poeten und Stümper gibt, ist nicht zu bestreiten. Entscheidend ist aber doch, ob man etwas dafür tun kann, daß es weniger Stümper gibt, ob man also die Begabungen und Fähigkeiten zum kreativen Umgang mit Sprache und Texten fördern und entwickeln kann« (A. Stock, Umgang mit theologischen Texten, 1974, S. 13).

Mit anderen Worten:
Wo immer biblische Texte die Predigt bestimmen, gilt: Predigt *schmilzt* den Bibeltext ein, *schmilzt ihn um* in Wort, Vorstellung, Problematik, Leben gegenwärtiger Situation. Stimmt das Bild vom »Einschmelzen«, so folgt daraus, daß biblische Texte in der Predigt *unkenntlich* werden können. Kriterium der Bibelgemäßheit einer Predigt kann also niemals ihre äußerliche Nähe zu biblischen Aussagen oder Vorstellungen sein, so wenig es die Verlesung eines Textes vor der Predigt automatisch ist.
Auf diesem Weg kann die Predigt zur selbständigen Rede werden. Und nur dann ist die Vorbereitung zum Ziel gekommen! *Eine* Redeweise gäbe es dann nicht mehr, und ihr seliges Ende wäre wahrlich kein Verlust. Man kann sie heute an einer sprachlichen Unsitte in zahllosen Predigten beobachten. Da heißt es in monotoner Wiederkehr: »Der Text« sagt uns, zeigt uns, mahnt uns, erinnert uns – und was er nicht noch alles tut! Hier ist die Nuance entscheidend: Weniger wird entfaltet oder dargelegt, was im Umgang mit einem Bibelabschnitt im Blick auf diese Hörer in ihrer Situation heute zu sagen wäre, sondern der Text wird *hypostasiert.* Der Text wird zum Sprecher, zur *Instanz* gemacht, wo doch allererst aus ihm zu *gewinnen* wäre, was zu sagen ist – vom Prediger, nicht vom »Text«! Denn der Text ist zwar grundlegendes *Material* der Predigt, aber der Text ist nicht die Predigt und schon gar nicht der Prediger.

5. Was heißt hören? –

oder:

Wie die Hörer den Prediger überlisten . . .

Das Verständnis reicht oft viel weiter als der Verstand.

Marie v. Ebner-Eschenbach

Ist das Wort ein Band, das das Ich mit dem Du zum Wir verbindet? Ob das stimmt? Verbindet das Band wirklich immer? Auch zwischen *einem* Redner-Ich und *vielen* Hörern?
Der Prediger redet, und der Hörer nimmt auf, was der Prediger sagt – wenn es so einfach wäre! Es ist komplizierter: Der Zuhörer nimmt nicht auf, was der Prediger *sagt,* sondern was er, der Hörer, *hört,* hören will oder hören kann. Das ist ein vielschichtiger, überwiegend unbewußt verlaufender Vorgang, von dem besonders zwei Seiten schon in der Predigtvorbereitung, gleichsam das Hören probeweise vorwegnehmend, direkt oder indirekt mitbedacht sein wollen.

1. Der Hörer wählt aus und interpretiert im Hören das Gesagte um. Neben anderen Variationen ist hier eine besonders folgenreich. Die Mehrzahl der Hörer fühlt sich gern bestätigt. Man hört gern, was der eigenen Auffassung entspricht. Man möchte gern zustimmen können. Übereinstimmung mit dem Redner macht sicher, sie tut wohl. Nichtübereinstimmung strapaziert; sich im Widerspruch zum Prediger befinden, kann verunsichern, schafft für die meisten keine positiven Gefühle, strengt in jedem Fall an.
Wie aber schafft man es, das wohltuende Gefühl der Übereinstimmung mit der eigenen Meinung zu erreichen – was auch immer der Prediger sagen mag? Indem man die Aussage schlichtweg paßgerecht macht, sie also *verändert:* eines wird überhört, anderes relativiert, anderes überspitzt (dann kann man es leicht ablehnen!) – und dies alles geschieht *unbewußt.*

Ein Beispiel zur Verdeutlichung.
Der Prediger sagt (1979) in einer Predigt über Maleachi 3,23f.:

Das Bild von den Herzen der Väter und der Söhne, die *beide* zueinander umkehren müssen, wenn es nicht ganz aus sein soll, läßt mich nicht los – beschäftigt mich auch heute, in einem Gottesdienst, in dem eine moderne Orgelmesse gespielt wird, beschäftigt mich im Umkreis von Pfingsten und Heiligem Geist, beschäftigt mich auf dem Hintergrund des eben vergangenen Kirchentags und seines großen Themas »Zur Hoffnung berufen«.
Das Bild von den Herzen der Väter und der Söhne – was gibt es uns zu denken? Ich will dreierlei nennen.

Zuerst: Wir hören heute eine Orgelmesse von Olivier Messiaen, deren Klangwelt für manchen Älteren von uns gewiß ungewohnt, wenn nicht gar schwer erträglich ist. Musik, die 1950 entstanden ist. Also, wenn man so will: Musik der Söhne,

nicht der Väter. Das ist so, heute morgen hier – und zugleich ist es ein hintergründiges Beispiel für viele vergleichbare andere Lebenssituationen: Alte hören neue Töne – das Gegenüber von alt und jung, von alt und neu, von gestern und heute.
Ihr Väter, hört auf die Söhne: Was heißt das hier? Es heißt doch hier wohl als Erstes, aber für manchen wohl auch als Schwerstes, etwas ganz Einfaches: Ihr Väter, ihr Älteren, *hört hin*. Hört nicht weg. Geht nicht raus. Urteilt nicht, verurteilt nicht, ehe ihr zu Ende gehört habt. Die Stimme der Söhne – hier in der Musik – muß ja nicht falsch sein, nur weil sie *ungewohnt* ist. Ungewohnt ist sie. Aber das Gewohnte muß nicht immer das Einzigrichtige oder gar das Beste sein.
Merken wir, daß die neue Musik hier ein Exempel für eine Fülle von Lebenssituationen ist? In der Familie ebenso wie in der Politik ebenso wie im Verhältnis zwischen Lehrern und Schülern. Immer sind wir verlockt, der *gewohnten* Stimme, dem *gewohnten* Ton lieber zu lauschen als einem befremdlich anderen. Wenn aber das Herz der Väter *um unseres Lebens und der Zukunft willen* sich zu den Söhnen kehren soll – dann dürfen die Väter nicht nur auf die gewohnte eigene Stimme hören, sondern müssen auch die der Söhne ernst nehmen.
. . .
Ein Zweites: Manche meinen, alles wäre besser, wenn nur die Herzen der Söhne zu den Vätern umkehrten: Nur so herum kann's besser werden. In *dieser* Umkehr liegt alle Hoffnung. Wenn alles wieder wird, wie's war, wird alles gut. Das ist die einzige Hoffnung.
Wirklich?
Ich bin nicht so sicher.
Wenn sich Jugendliche und junge Erwachsene unter dreißig jüngst so orientiert hätten wie ihre Väter, dann hätte es den Nürnberger Kirchentag vor ein paar Wochen sicher nicht gegeben. Dort waren über die Hälfte der Teilnehmer unter dreißig, also »Söhne«. Es gibt dafür gewiß sehr vielschichtige Erklärungen, aber sie alle lassen Fragen offen, über die die *Väter* werden nachdenken müssen:
– Mögen die Motive für die Teilnehmer noch so unterschiedlich, auch zum Teil noch so wenig »kirchlich« gewesen sein – wie aber ist es zu erklären, daß auch in den total überfüllten Bibelarbeiten und Gottesdiensten Jugendliche *unverhältnismäßig* hoch beteiligt waren?
– Und wie erklärt es sich, daß eben diese Jugend in der traditionellen Kirche und ihren Gottesdiensten nicht vertreten ist?
Wie reagieren wir Väter darauf? Reicht es denn, wenn wir sagen: Die sollen doch zu uns kommen? Das glaube ich nicht.

Ein Drittes: Geist von Pfingsten heißt Heiliger Geist. Aber was heißt Heiliger Geist? Und wo ist er? Auf seine Weise umspielt Messiaen in seiner Musik allein diese Frage.
Ich will vom Bibelwort von den Herzen der Väter und der Söhne her die Frage nach dem Heiligen Geist beantworten – sehr einfach, sehr einseitig, sicher nicht alles sagend, aber gefährlich *konkret:*
Wo Väter und Söhne, Alte und Junge *gegenseitig* aufeinander *hören,* da ist mitten im Leben Raum für Heiligen Geist. Da ist neuer Geist des Lebens. Wo Väter und

Söhne, Alte und Junge *gegenseitig* voneinander zu *lernen* bereit sind, da kann in menschlicher Einsicht Heiliger Geist wohnen. Heiliger Geist ist nämlich kein ungreifbarer Geist über den Wolken, sondern: neuer Geist im alten Leben.
Wer sollte sich danach nicht sehnen?

(Aus: G. Otto, Rhetorisch predigen. Wahrheit als Mitteilung: Beispiele zur Predigtpraxis, 1981, S. 92–94)

Und wie reagieren Hörer möglicherweise?
– *Erster Hörer* (Jugendlicher):
»Er hat gesagt, die Alten sollen endlich auf uns hören!«
Er tilgt die eine Hälfte.
– *Zweiter Hörer* (autoritärer Vater):
»Ist ja klar, die Söhne sollen umkehren«, hat er gesagt.
Er tilgt die andere Hälfte.
– *Dritter Hörer:*
»Wenn er auch von den Vätern und den Söhnen gesprochen hat, so wird er ja wohl letztlich doch meinen, daß die Väter es besser wissen. Die sind ja älter, und schließlich hat er doch selbst Kinder.«
Er relativiert und verschiebt, bis es paßt.
– *Vierter Hörer:*
»Also, was heute so dran ist, das hat er auch gesagt: Wir Alten taugen nichts mehr, aber die neunmalklugen Jungen, die wissen's besser, auf die sollen wir hören.«
Er treibt die Aussage ins Absurde, um sie guten Gewissens ablehnen zu können.

Das Spiel ließe sich fortsetzen. Und es ist ganz klar: Was hier beim Hörer passiert, ist keine Spielerei oder gar bösartige Absicht. Die Verschiebungen im Hören sind deswegen so wirkungsvoll, weil sie unbewußt vor sich gehen. Daher sind sie auch oft so schwer diskutierbar.
Kein Prediger kann solche Verschiebungen seiner Aussagen generell verhindern. Er muß damit rechnen. Aber gelegentlich kann man sie vermindern oder erschweren. Da der Prediger in der Regel seine Zuhörer kennt, kann er sich vorher mindestens teilweise darüber Rechenschaft ablegen, wo es in seiner Predigt naheliegt, daß zwischen ihm und den Hörern Dissonanzen, Widersprüche, Meinungsunterschiede auftreten. Dies gehört auch zur Analyse der Gemeindesituation (s. Kapitel 3.). An solchen Stellen wird der Prediger besonders sorgfältig formulieren. Sorgfältig in mehrfacher Hinsicht:

- eher mit einem bildhaften Beispiel als mit einer steilen These, denn »Worte sind Zwerge, Beispiele sind Riesen«;
- den Widerspruch nicht überziehen, sondern, ohne ihn zu verschleiern, auf das Maß bringen, das notwendig ist;
- ggf. auch das »falsche« Hören auffangen, indem er ausdrücklich sagt, was er nicht gesagt hat.

2. Der Hörer ist also unverkennbar am Vorgang des Hörens beteiligt. Im eben erörterten Fall gewiß nicht nur zur reinen Freude des Predigers. Aber die Angelegenheit hat auch ihre positive Seite.
Dann kann man sagen: Der Hörer ist nicht passiv, er ist keine »Hörmaschine«, sondern Hören ist ein aktiver Verarbeitungsprozeß. War eben von den dadurch entstehenden Mißverständnissen die Rede, so sind sie ja nur der Preis für die andere Möglichkeit, nämlich in Auswahl sich Aussagen des Predigers *produktiv* anzueignen, sie sich gleichsam einzuverleiben, sie umzusetzen, weiterzudenken, zu variieren – kurzum: aus Predigtaussagen im positiven Sinn *»mehr«* zu machen, als der Prediger gesagt hat. Welche Predigt hätte das nicht nötig! In der Regel wird das eher bei Teilstücken der Predigt, vielleicht nur bei diesem oder jenem Satz der Fall sein, selten bei einer Predigt als ganzer.
Dies in die Predigtvorbereitung einkalkulieren, bedeutet in erster Linie, die Predigt erkennbar, hörbar *strukturieren*. Teilstücke, Abschnitte (freilich nicht mit Ziffern versehen!), auch herausgehobene Einzelsätze, etwa eine griffige Teilzusammenfassung, sollte der Hörer bemerken können. Was ein Leser am Schriftbild erkennt (Absätze, kursive Hervorhebungen o.ä.), muß der *Hörer* durch die Redegestalt wahrnehmen können. Sprachliche Einteilungen und Akzentuierungen gliedern das Hören. Sie teilen den Hörvorgang ein. Ja, sie erlauben dem Hörer auch, aus dem weiteren Hörvorgang auszusteigen, um bei einer Passage, vielleicht nur bei einem Wort oder Bild stehenzubleiben, seinen eigenen Gedanken und Assoziationen nachzuhängen. Wer sagt denn, daß jeder immer die ganze Predigt hören muß? Wer sagt denn, daß dem Hörer nicht möglicherweise Besseres einfällt als dem Prediger eingefallen ist?

Die Wirkung einer Predigt läßt sich also auch nicht daran ablesen, daß der Hörer hinterher wie ein braver Schüler eine möglichst treffliche »Inhaltsangabe« hersagen kann. Die Wirkung einer Predigt liegt in den Prozessen, die sie bei den Hörern auslöst.

Solche Prozesse sind etwas anderes als von der Logik des begrifflichen Denkens vorgezeichnete Bahnen. Nichts gegen die Logik des Begriffs, wo sie hingehört, aber wir verkürzen die Vielschichtigkeit des Verstehens (und damit die Fülle des Lebens!), wo wir begriffliches Denken absolut setzen. Die Logik der Rede ist etwas anderes als die Logik des Begriffs. Hier treffen Didaktik und Rhetorik als nahe Verwandte zusammen. Wie kein durchdachter Unterricht einfach einem natur- oder literaturwissenschaftlichen Begriffssystem folgen wird, sondern nach Eröffnungen, nach Zugängen zur Sache, nach erhellenden und inspirierenden Einblicken und konkreten Erschließungen fragt, die den Schüler motivieren, weil sie seinem Fragehorizont adäquat sind oder adäquat werden können – so ist die »Logik« der Rede vom Hörer und seinem Hörvermögen bestimmt: durch unvermuteten (»unlogischen«) Einstieg, der zum Hören reizt; durch offenbleibende Rückfragen, die herausfordern; durch geplante Brüche, die Spannung erzeugen. Im Bild gesprochen: die Logik der Rede ähnelt eher einem Mosaik, das man von verschiedenen Seiten betrachten kann, aber weniger einer Tabelle oder einem deduzierenden Schema.

6. Die Sprache der Predigt –

oder:

Wie die Aussage den Hörer erreichen kann . . .

Und wie ich's überdenke,
's bleibt eine wunderliche Sache:
Die Sprache Gottes Geschenk,
und Gott ist ein Geschenk der Sprache.
Eduard v. Bauernfeld

Unsere Bemerkungen zum Hörer und zum Hören (s. Kapitel 5.) haben die Grenze zur Sprachproblematik schon mehrfach berührt. Predigt, die gehört werden soll, die also überzeugen, überführen, die betroffen machen will, die neue Inhalte sprachlich vermitteln will – solche Predigt braucht sprachliche Kraft. Sie braucht Sensibilität für die reichen Möglichkeiten der Sprache.
Um es sogleich mit einem zwar mißverständlichen, aber hier notwendigen Begriff zu benennen: Die Ebene poetischer Sprache ist für die Predigt unverzichtbar, sofern Predigt nicht theologisches Fachreferat ist, sondern An-Sprache mit der Absicht, wirken zu wollen. Unverzichtbar im doppelten Sinn: poetische Sprache als großes Anregungspotential für die sprachliche Bildung des Predigers einerseits – poetische Sprache, um die sich der Prediger tendenziell, ansatzweise selbst bemüht andererseits. Der vieldeutige Begriff »poetisch« hat dabei nicht den Sinn, den Prediger in die Nähe des Dichters zu bringen, gar ihn dem Alltag zu entrücken, sondern er soll signalisieren: Predigt lebt von der Wahrnehmung größerer, weiterer, vielschichtigerer sprachlicher Möglichkeiten, als sie der Fachsprache oder der heruntergekommenen Klischeesprache aus Werbung, Schlager oder manchen Presseerzeugnissen eigen ist. Durch Sprache wirken zu wollen, nötigt den Redner dazu, sensibel für Sprache zu werden und flexibel mit ihr umzugehen. Wer predigt, muß *sprachfähig* werden.
Es geht dabei weder um unangemessene Verabsolutierungen noch um homiletischen Ästhetizismus, und ganz und gar ist den beliebten falschen Alternativen zu widerstehen.

Gegen Verabsolutierungen:
Die Sprache der Parabel ist eine andere als die der Nachricht, die Sprache der wissenschaftlichen Erklärung wieder eine andere als die des Gedichts. Generell wird zu gelten haben: wir brauchen für die Predigt *unterschiedliche* Sprachweisen neben- und miteinander. Vielleicht ist sogar die Stilmischung ein Charakteristikum der Predigt. Aber: Die unterschiedlichen sprachlichen Möglichkeiten müssen bewußt und kontrolliert eingesetzt werden. Und: Die Sprache der Bilder, die den ganzen Menschen und nicht nur sein Hirn erreichen kann, in der also der Hörer sich sowohl rational wie emotional wiederfinden kann, hat gegenüber der Sprache der Erklärung, der Sprache wissenschaftlicher Begrifflichkeit in der Predigt einen eindeutigen Vorrang. Begriffssprache, Erklärungssprache ist in der Predigt nur dann am Platz, wenn sich der Prediger darüber Rechenschaft ab-

gelegt hat, daß die »Sache«, um die es ihm geht, auf keine andere Sprachebene, in kein Bildmaterial überführt werden kann. Nur dann – und das dürfte (sehr) selten der Fall sein. Häufiger wird es sein, daß der Prediger beim mißglückten Versuch merkt: Ich muß das noch weiter bewegen, in mir, im Gespräch, denn es mißlingt mir sprachlich, weil ich es inhaltlich für mich noch nicht ganz erreicht habe.

Gegen homiletischen Ästhetizismus:
Ästhetizismus ist selbstgenügsames Genießertum. Das gibt es auch unter Freunden der Poesie. Deswegen besteht der Verdacht, wer für die Predigt poetischer Sprache das Wort redet, der wolle den Prediger zum dilettierenden Dichter machen, zu einem, der Worte hersagt, die zu schön sind, um wahr zu sein. Rauher Alltag vor der Kirche – zu schönes Nirwana in der Kirche?
Darum geht es nicht. Sich um die Sprache der Bilder bemühen, um Parabel, Metapher oder Gleichnis, im eigenen Versuch oder in literarischer Anleihe, das meint, sich um vertiefte Wirklichkeitserfahrung und um deren adäquate Artikulation bemühen. Darum allein geht es! Wir können die Abgründe der uns bestimmenden Wirklichkeit ebensowenig wie den Glanz einer neuen ohne Bilder aussagen. Wir brauchen Bilder, um unsere Erfahrungen und Hoffnungen, unser Elend und unsere Utopien mitteilbar zu machen. Wer das bestreitet, kennt keine große Dichtung, weder klassische noch moderne. Die Predigt kann daran nicht vorbeigehen.

Hier bahnt sich auch schon an, daß poetische Sprache kein platter Gegensatz zu rationaler Reflexion ist. Das wird uns gleich beschäftigen. Aber schon jetzt hat HAP Grieshaber recht: »Ich denke auch, daß die Poesie eine neue Form der Aufklärung ist. Alles andere wirkt nicht.«
Gegen falsche Alternativen:
Probleme durch alternative Lösungsvorschläge aus der Welt zu schaffen, ist beliebt. Da heißt es dann für die Predigt: Nicht Hochsprache, sondern Umgangssprache! Oder: Keine Poesie, sondern Bilder aus Schlager oder Werbung! Oder: Keine Bilder, sondern Information und Reflexion!
Aber alternative Lösungsvorschläge haben es oft an sich, bei näherem Zusehen die Probleme unangemessen zu vereinfachen. Deswegen müssen wir einige beliebte Alternativen etwas genauer überprüfen. Dabei leitet mich das Interesse, das Plädoyer für poetische Sprache, für Sprache der Bilder vor Mißverständnissen zu bewahren. Aber ich will keine grundsätzlichen Thesen ausbreiten, sondern an zwei sehr verschiedenartigen

Texten, einem Gedicht und einem Stück Prosa, zu zeigen versuchen, inwiefern die genannten Alternativen das Sprachproblem verfehlen.

Zuerst ein Gedicht von Günter Kunert:

Meine Sprache
1
Ich spreche im Slang aller Tage derer
noch nicht Abend ist
in der verachteten und verbissenen der
Sprache die jedermann entspricht.
2
Diese
von Erstellern entstellte die von Betreuern
veruntreute von Durchführern früh schon
verführte die
mehr zur Lüge taugt denn zur Wahrheit
ach welche
unter der erstarrten Syntax sich regt
wie unter Abfall wie unter Schutt wie
unter Tonnen von Schlacke.
3
Sprache
die mehr scheinen will als sein
aufgebläht
von sang- und klanglosen tingelnden
dinglosen Dingwörtern;
schwabbelnde Gallerte
quillt sie aus den öffentlichen Mündern
und Mündungen tropft von
den Lippen der Liebenden
trieft aus Radios
triumphiert.
4
Nichtssagend und blutleer und kraftlos
ein Kind des Landes finde ich sie
darniederliegend.
5
Und hebe sie auf
und nehme sie an mich: Die beste mir
der nichts besseres hat
und ein Vermögen dem der durch nichts sonst
zu leben vermag
als durch sie.
(Aus: Günter Kunert, Unruhiger Schlaf. Gedichte. München 1979, S. 95f.)

Auch nur ein flüchtiger Blick läßt erkennen, daß wir hier mit alternativen Kennzeichnungen des sprachlichen Materials uns rasch verfangen. Fraglos tauchen Wörter der Alltagssprache auf – aber sie transportieren mehr, als uns Alltagssprache sonst hören läßt. Sie sind zugleich Stimulans für Kritik und Reflexion der Alltagssprache. Aber die Reflexion schlägt auch nicht um in Begriffssprache der Wissenschaft – sie bleibt im Bild: Sprache, »wie unter Abfall wie unter Schutt wie unter Tonnen von Schlakke«. So wird Erfahrung des Lebensalltags, genaue Wahrnehmung der Realität, ihrer Beschädigung, ihrer bedrohlichen Entleertheit artikuliert. Wie wahrgenommen, wie artikuliert? Durch literarische Gestaltung, durch sensibles sprachliches Arrangement. Also paßt auch die Alternative: literarisch gegen erfahrungsbezogen nicht mehr. Und ist das Gedicht schwerer oder leichter verständlich, weil die Alltagssprache hier bewußt verarbeitet ist? Hängt Verständlichkeit etwa an mangelnder Gestalt?
So macht schon ein eher willkürlich ausgesuchtes Gedicht offenbar, daß die Probleme sprachlicher Gestaltung einer Rede oder einer Predigt nicht mit flachen Alternativen erreicht werden können. Die Alternativen stimmen nämlich gar nicht, wenn man Sprache und sprachliche Gestaltung tiefgründig genug versteht.

Bewußter Umgang mit Sprache, Denken in Sprachbildern und sprachlichen Vorgängen, poetische Rede: das ist hier ein spezifischer Umgang mit Sprache, der Wirklichkeit neu erschließt. Das sprachliche Material dafür kann unterschiedlicher Herkunft sein: aus der Bildungssprache, aus der Alltagssprache, aus der Umgangssprache. Die Herkunft ist nicht das entscheidende. Entscheidend ist dies: Sprachliche *Gestaltung*, in welchem Material auch immer, führt, wie bei Kunert zu sehen, überhaupt erst dazu, daß die Muster und Denkschablonen des Vorhandenen, des Gegebenen, also gerade auch die, die durch Umgangs- und Alltagssprache fortwährend transportiert werden, durchkreuzt, durchbrochen, zerbrochen, überstiegen werden. Daher *muß* Predigt in diesem Sinne immer auch »poetisch« sein, darf gerade nicht alltagssprachlich bleiben wollen (was ja keinesfalls ausschließt, daß sie alltagssprachliches Material verwendet, einsetzt, arrangiert – also *mehr* und *anderes* tut, als es nur zu wiederholen). Wird Predigt nicht ansatzweise »poetisch«, so läuft sie Gefahr, nur zu verdoppeln, was *ist* – also die Lebensstrukturen zu befestigen, die heute gegenläufig zum Evangelium die Welt und uns bestimmen, die Lebensstrukturen zu befestigen, die in unserer Alltagssprache aufbewahrt und immer wiederholt werden. Solche Predigt ist nicht nur überflüssig, denn das geschieht in der Sprache der Werbung und des Schlagers, in der Sprache mancher Presseerzeugnisse und Redeprodukte ohnehin ausreichend – solche Predigt ist lebensbedrohend.

Vergleichbares (darum jetzt weniger kommentiert) läßt sich an einem beispielhaften Stück Prosa beobachten. Auch hier fügt sich die Sprache gängigen Alternativen gerade nicht, sondern umgekehrt: die erzählerische Kraft der Darstellung, die Transparenz der Bilder – und das Arsenal der Bilder liegt nirgendwoanders als in dem vertrauten Szenarium von Kindererziehung, Haus und Familie! – bietet ineins: Information über eine individuelle Biographie, deren nachdenkliche Reflexion, zu der den Leser die Plastik der Sprache verleitet, und so die Anhebung des Individuellen ins Typische einer Generation.
Es handelt sich in dem Beispiel um ein Stück aus Peter Härtlings Buch »Nachgetragene Liebe« (1980). Er arbeitet darin seine Vergangenheit auf; er thematisiert entscheidende Aspekte seiner Sozialisation. So könnte man begrifflich zutreffend umschreiben, was Härtling tut. Es ist die emotional gestörte, nachhaltig belastete Sohn-Vater-Beziehung, unter den Bedingungen von NS-Zeit und Krieg, zwischen dem Vater, der verstorben, und dem Sohn, der heute rund fünfzigjährig als Schriftsteller lebt, die Gegenstand des Buches ist.
Aber so, wie ich es hier umschreibe, klingt das bei Härtling eben nicht. Da werden nicht Probleme benannt, sondern in der Transparenz bildhafter *Erzählung* wird die Last der Lebensproblematik *reflektiert* und dem Leser erfahrbar gemacht. Wenn es um des Vaters Strenge geht, erzählt Härtling, wie ihn der Vater – nach dem Kauf einer Mundharmonika mit gestohlenem Geld – durch Schweigen gestraft hat und welche Wirkungen das auf ihn, das Kind, hatte:

»Bei Tisch bin ich für ihn ebenso Luft wie am Abend im Wohnzimmer oder bei den Großeltern. Er sitzt mir gegenüber und sieht mich nicht. Er geht an mir vorbei und sieht mich nicht. Er steckt die andern, selbst die jüngere Schwester, damit an. Ich höre sie, aber wenn ich mit ihnen rede, hören sie mich nicht. Ich sehe sie, doch ich bin für sie nicht vorhanden. Vielleicht wollen sie mich verrückt machen? Vielleicht wollen sie mich aus der Welt schweigen? Mit nichts kann ich sie rühren. Ich erfinde Worte, schneide Faxen, schlage Purzelbäume, verrenke meine Glieder, ich stelle Fragen und gebe mir selber die Antworten. Ich bin nicht mehr anwesend für sie. Nur Mutter kommt abends, wenn ich im Bett liege, streichelt mich wortlos; ihre Hände reden und sie murmelt: Warum hast du das nur getan?

Ich träumte, auf die Größe einer Maus geschrumpft zu sein. Gemeinsam mit der Mundharmonika, die mir viel Platz nimmt, bewohne ich ein Loch im Parkett des Kinderzimmers. Keiner weiß, daß ich verwandelt wurde. Ich höre sie rufen. Ich bin froh, ihnen entronnen zu sein. Aber Vater hat auf unerklärliche Weise meine Tarnung durchschaut. Ich luge aus dem Loch, sehe ihn übergroß darauf zustampfen, sehe seine Sohle über mir schweben. Sie tritt das Loch zu, schließt es, nimmt mir das Licht, die Luft. Die Atemnot läßt mich schwellen, ich fülle das Loch aus und weiß, es wird gleich bersten, ich werde ohne Atem, ohne Stimme, ohne Seele unter Vaters schwarzem Lackschuh liegen.
Er hielt die Strafzeit länger als eine Woche durch. Das Schweigen wurde sichtbar. Es sank auf die Diele, auf die Möbel, auf uns. Wir bewegten uns langsamer, vorsichtiger, um die gewalttätige Stille nicht zu stören. Obwohl ich neben ihm saß, erfuhr ich es wie durch Boten, daß er am nächsten Tag mit Lore Sarrasani besuchen werde. Wie versprochen; doch ohne den Jungen! Es schien, als befände sich der von ihm Abgewiesene auf der anderen Seite der Erdkugel.
Ich stand hinter den Gardinen und sah ihnen nach: Mein Vater führte meine Schwester an der Hand und unterhielt sich mit ihr, als sie durch den Vorgarten gingen.
Manchmal, Vater, kehren Sprichwörter in ihre gelebte Bedeutung zurück. Seit dieser stummen Kur kann ich den Satz »Er schweigt ihn tot« nicht mehr lesen, geschweige denn schreiben, ohne daß es mich schaudert. Du wirst dieses Schweigen nicht so ausgelegt haben. Du hast es auch fertig gebracht, mit Mutter über Tage, Wochen nicht zu sprechen. Du straftest nicht nur mit Schweigen, du zogst dich auch zurück. Ich bin nicht sicher, ob du dir im klaren warst, daß dieses Schweigen zur Mitgift wurde. Wenn ich heute allein mit meinen Ängsten streite, indem ich mit mir selber rede, höre ich nichts als meine Stimme und oft dein Schweigen« (S. 22f.).

Diese wenigen Schneisen durch das Dickicht der Sprachproblematik lassen vielleicht schon erkennen, worum es für den Prediger geht: in Bildern zu denken und sich durch gängige Verständnislosigkeit gegenüber dem Gewicht der Sprache, durch landläufige Sprachverkommenheit nicht irritieren zu lassen. Wie notwendig dies ist, zeigt Ursula Baltz (s. Bibliographie) in ihrer Arbeit über »Theologie und Poesie« in differenzierten Analysen und an verschiedenartigem Material: »Was Menschen angeht und betrifft, artikuliert poetische Sprache tiefergehend als Begriffssprache, sagen Geschichten eher als Formeln.« Und ihr Hinweis auf Peter Handkes Worte in seiner Büchnerpreisrede aus dem Jahr 1973 faßt dies bündig zusammen: »Sowie beim Schreiben auch nur der Ansatz eines Begriffes auftaucht, weiche ich – wenn ich noch kann – aus in eine andere Landschaft, in der es noch keine Erleichterung und Totalitätsansprüche durch Begriffe gibt.«

Sprache ist erlernbar. Der Satz bleibt richtig: Lesen bildet. Fachliteratur zu lesen ist wichtig. Bleiben aber Fachbücher der einzige Lesestoff, dann verarmt die Sprache (was teils unvermeidlich ist, teils daran liegt, daß Fachliteratur oft in schlechterem Deutsch als notwendig geschrieben ist). Nichts führt daran vorbei, will man sein sprachliches Vermögen im Interesse der mitzuteilenden Inhalte wie der Hörer ausbauen, also seine homiletische Kompetenz steigern – nichts führt daran vorbei: Wer predigt, wird sich sprachlicher Qualität aussetzen müssen. Ein Prediger, der kein *Leser* ist, endet sprachlich im Armenhaus. Dabei kommt es gar nicht auf die Masse des Gelesenen an. Kontinuität des Lesens, dauerhafter Einfluß geprägter Sprache ist notwendig. Die Auswahl kann nach persönlicher Vorliebe erfolgen, es soll ja Spaß machen, es soll ja die Lust an der Sprache wachsen, die Dosis kann klein sein, aber wer in seinem Beruf von der Sprache lebt, muß etwas für seine Sprache tun. Er tut damit etwas für die Wahrnehmung der Wirklichkeit.

7. Aus der Literatur, aus anderen Predigten –

oder:

Was und wie man übernehmen kann . . .

Unter den Menschen gibt es viel mehr Kopien als Originale.

Pablo Picasso

Eine Predigt entsteht im Zusammenspiel von eigenen Einfällen, Gedankengängen, Darlegungen einerseits und der Entlehnung und Übernahme von Formulierungen und Aussagen anderer. Das ist natürlich, denn niemand hat allein genug zu sagen. Darüber sollte man sich auch nichts vormachen. Es gibt eine Originalitätssucht, die zu nichts führt. Also braucht man bei Übernahmen und Entlehnungen, die die Qualität der eigenen Aussage verbessern helfen, oft auch überhaupt erst zu etwas Eigenem führen, kein schlechtes Gewissen zu haben; freilich sollte man wissen, was man tut und die Integration des »Fremden« ins »Eigene« reflektieren.

Ich lasse hier die weitgehend selbstverständliche Benutzung von Predigthilfen für den jeweiligen Sonntag, von Präparationen des biblischen Textes für die Predigt unberücksichtigt (obwohl auch hier Probleme liegen!) und wende mich verschiedenen Formen der Übernahme aus fremden Predigten und aus diverser Literatur zu. Dabei typisiere ich wiederum einige Situationen; in den Typisierungen lassen sich dann gewiß viele individuelle Varianten unterbringen.

1. Ich übernehme eine fremde Predigt

Die Predigt muß gehalten werden – aber es ist keine Predigt da! Das ist ein delikates Kapitel, gern verschwiegen, aber es kann jedem passieren (nur hoffentlich nicht regelmäßig). Es gibt viele Gründe dafür, und meist gelingt es, die ganz und gar subjektiven Faktoren in vorgeblich »objektive« Zwänge umzumünzen. Aber lassen wir das. Predigtvorbereitungspsychologie soll hier weniger unser Thema sein. Jedenfalls muß eine Predigt her! Es gibt genügend Predigtsammlungen, aus denen man gegebenenfalls auch eine ganze Predigt übernehmen kann. Das ist jedenfalls für die Hörer besser, als wenn der Prediger zwanzig Minuten lang leeres Stroh drischt. Es kommt nur darauf an, wie man wählt und wie man verfährt. Beides ist wichtig, weil davon abhängt, ob der Prediger auch in einer fremden Predigt er selbst bleiben kann.
Also werde ich eine Predigt auswählen – damit fängt es an –, die meinem eigenen Stil nahe ist: theologisch, im Temperament der Aussage, in der sprachlichen Färbung. Wozu man da greifen muß, sollte jeder für sich im Laufe der Jahre herausbekommen haben. Das kann jeder nur allein entscheiden. Jedenfalls irritiert es die Hörer wie nicht minder den Prediger selbst, ja, es kann geradezu komisch wirken, wenn jemand, der in der Re-

gel zu meditativen Darlegungen neigt, stark an individuellen, persönlichen Glaubensfragen orientiert, an einem Sonntag unversehens eine sozialethisch orientierte, stark nach außen gewendete flammende Rede hält, in der er unverkennbar neben sich selbst steht.
Ist die Wahl getroffen, geht es um die Verfahrensweise. Hier gilt: Es kommt darauf an, die fremde Predigt als *angeeignete* zu *re-produzieren*. Es geht also nicht um platte Wiederholung, gar um Verlesung der Predigt eines anderen, sondern um den Versuch, sich die fremde Predigt *zu-eigen* zu machen. Das kann wohl am ehesten gelingen, wenn ich mir nach mehrfacher intensiver Lektüre (laut lesen!) ein ganz knappes Stichwortkonzept, am besten nur eine einfache Gliederung, der vorliegenden Predigt mache. Anhand weniger Notizen wird die Predigt dann *frei* vorgetragen. So kann Übernommenes in eigene Sprache eingehen, zu eigener Sprache werden – und dabei öffnet sich die übernommene Vorlage im Prozeß der Re-Produktion auch noch für eigene Aussagen, die sich ergeben, sich einstellen, die dem Prediger redend einfallen können, weil er sich nicht an die Vorlage versklavt hat. Hilfreich und weiterführend für die eigene Arbeit wäre es schließlich, die Tonbandaufnahme einer solchen »Reproduktionspredigt« mit ihrer Vorlage zu vergleichen.

2. Ich übernehme (Teile) aus einer fremden Predigt

Hier gilt in anderer Ausgangssituation alles Ebengesagte entsprechend. Die Ausgangssituation mag sein: Ich habe einen eigenen Grundgedanken, einen eigenen Grundriß, aber ich fülle ihn zum Teil mit Elementen einer anderen Predigt aus; oder ich habe Dreiviertel einer eigenen Predigt und merke: das reicht noch nicht! Also muß ich mit einer Passage aus einer anderen Predigt auffüllen. Oder mir imponiert aus einer gelesenen Predigt ein Gedanke, ein Beispiel, eine Kurve, und um dieses übernommene Stück baue ich meinen eigenen Entwurf.
In solchen Fällen geht es, wie bei der Übernahme einer ganzen Predigt, auch in den Teilen um die *Integration* des Übernommenen in den eigenen Duktus, geht es um den positiven Prozeß der Re-Produktion. Die Verfahrensweisen sind oben angedeutet. Der fremde Anteil darf nicht Fremdkörper bleiben.

3. Formen und Weisen des Zitats

Vor den Einzelerwägungen sollte der Prediger zweierlei festhalten:
– Eine Predigt ist keine wissenschaftliche Abhandlung. Also ist auch die

Funktion des Zitats eine andere als in einer Dissertation. Dort ist es Beleg oder Legitimation, Verstärkung oder gelehrte Dekoration. Hier aber, in der Predigt, hat es eine *rhetorische* Funktion. Was das heißt, werden wir sehen.

– Sodann eine Faustregel: *Ein* treffendes, kurzes Zitat ist besser als zwei; nicht nur besser als zwei weniger treffende, nein, auch besser als zwei gute. Eine Predigt ist kein Zitatenschatz.

Zitat kann zum Beispiel sein:

- wenige (ein oder zwei) wörtlich übernommene Sätze aus verschiedenartigsten Zusammenhängen;
- ein Sprichwort;
- ein Gedicht oder eine Gedichtstrophe oder -zeile;
- ein kurzes (!), sehr kurzes Erzählstück unterschiedlicher Herkunft;
- eine Anekdote, eine Legende, eine Parabel, eine Fabel.

Die Reihe ließe sich verlängern. Immer geht es um Übernahmen, in denen es ganz und gar oder mindestens weitgehend auf den vorgegebenen Wortlaut ankommt, in jedem Fall auf den festliegenden Inhalt, dem an der gegebenen Stelle nichts (oder nur Beiläufiges) hinzugefügt wird.

Was aber ist die rhetorische Funktion des Zitats? Etwas schematisiert lassen sich verschiedene Möglichkeiten unterscheiden:

– Das Zitat, etwa die plastisch-griffige Formulierung eines Sprichwortes, bildet den Ausgangspunkt. Es lädt sozusagen den Hörer ein, sich auf eine bestimmte Bahn zu begeben.

– Das Zitat, etwa eine (sehr) kurze Parabel oder ein treffender Satz oder eine Gedichtsstrophe, bildet den Zielpunkt, eine Art Zusammenfassung, sei es als Zwischenbilanz oder am Ende, weil im Zitat so knapp wie bildhaft, vielleicht auch bewußt mehrdeutig, weitergehender Interpretation offen, gebündelt ist, was vorher ausgeführt worden ist.

– Das Zitat wird in den Predigtaufbau eingeschmolzen. Etwa ein Erzählstück literarischer Herkunft, in der Mitte der Predigt, um eine Lebenssituation des Hörers im fremden Material gegenüberzustellen. Hier kann sich, um der Integration in den Fluß der Predigt willen, auch wörtlich Zitiertes mit freier Wiedergabe in eigenen Worten mischen.

– Das Zitat, besonders das längere, wird in die Predigt einmontiert. Es wird dies ein seltener Fall sein, aber er kann sich als notwendig erweisen. Wenn zum Beispiel die Predigtthematik nahelegt, Dokumentarisches einzubeziehen, etwa beim Verhältnis Christen – Juden die Schilderung der

Lebenssituation der Juden in Deutschland anhand biographischer Aussagen, dann können mittellange Zitate als Elemente in die Predigt einmontiert werden, mit denen der Prediger die Unterbrechung des eigenen Redeflusses, des eigenen Stils als Mittel bewußt einsetzt: Das Zitat soll gerade dadurch, daß es nicht integriert ist, Aufmerksamkeit erregen. Der Stilbruch entspricht der Befremdlichkeit, der Abgründigkeit, der Unbegreiflichkeit des Inhalts.

Ob Übernahme einer fremden Predigt, ob Entlehnung einzelner Teile daraus, ob Einbau von Zitaten, immer geht es um denselben Sachverhalt, wenn auch in jeweils anderer Gestalt: Ich bin als Prediger darauf angewiesen, »Darlehen« aufzunehmen, weil das eigene Vermögen lange nicht immer ausreicht. Darlehen sind keine Schande, wenn der Darlehensgeber halbwegs solide ist und wenn ich mit dem Darlehen vernünftig, also durchdacht und überlegt, umgehe. Nicht der ist zu schelten, der merkt, daß die eigenen Mittel nicht reichen, und der sich daher um Helfer bemüht. In der Predigtgeschichte ist die Übernahme fremder Predigten ein selbstverständliches Kapitel. Suspekt ist dies erst mit zunehmender Originalitätssucht in der Neuzeit geworden. Eher ist der zu schelten, der nichts zu sagen weiß, sich dies aber nicht eingesteht, Helfer verschmäht – und drauf losredet.

8. Zur Analyse von Predigten –

oder:

Wie man Predigten auseinandernehmen kann, eigene oder fremde . . .

Die Wirksamkeiten, auf die wir achten müssen,
wenn wir wahrhaft gefördert sein wollen, sind:
vorbereitende,
begleitende,
mitwirkende,
nachhelfende,
fördernde,
verstärkende,
hindernde,
nachwirkende.

Johann Wolfgang v. Goethe

Wer als Prediger Predigten von Kollegen liest, tut dies nicht als literarischer Genießer (selbst wenn sie einmal ein Genuß sein könnten). Er tut es mit der offenen oder verdeckten Frage: Wie macht der das? Macht er es anders als ich?
Die Frage weiterverfolgen bedeutet zweierlei:
– Man braucht ein hantierbares Instrumentarium, um dem lieben Kollegen auf die Schliche zu kommen. Die Frage, warum einem dies gefällt, aber etwas anderes nicht, ist in aller Regel beantwortbar.
– Predigten von Kollegen produktiv durchschauen können, setzt voraus, auch zu eigenen Predigten ein differenziertes, beobachtendes Verhältnis einnehmen können. Nur dann kann man ja aus Anregungen von anderen lernen – im Sinne von: sich und die eigene Predigt gegebenenfalls verändern.

Wegen dieser doppelten »Adressierung« der Predigtanalyse ist das folgende Schema so angelegt, daß es sowohl für fremde wie für eigene Predigten benutzt werden kann. Auf den ersten Blick ist auch erkennbar, daß es sich nicht um einen Fragebogen handelt, der das ganze Spektrum sprachwissenschaftlicher und inhaltsanalytischer Probleme erfaßt. Darum geht es hier gar nicht, sondern allein darum, mit einigen als Beispiele gemeinten Fragestellungen zu zeigen: *so* kann ich einem Prediger/mir selbst schrittweise auf die Spur kommen.
Es gibt Prediger, die behaupten, sie könnten nur dann verständlich reden, wenn sie vorher nichts aufschreiben. Also haben sie kein Konzept, weder als Teil der Vorbereitung noch auf der Kanzel. Ich will jetzt nicht darüber streiten, ob dieses »Ich kann nicht reden, wenn ich vorher schreibe« eher auf eine zu respektierende Eigenart oder eher auf wenig intensive Vorbereitung (umgangssprachlich: *Faulheit*) schließen läßt. So viel aber scheint mir klar zu sein: Aus Gründen *kritischen* Umgangs mit eigenen Predigten darf kein Prediger darauf verzichten, seine Predigten regelmäßig (wenn auch nicht immer) im vollen Wortlaut zu fixieren. Wer das vor der gehaltenen Predigt nicht meint tun zu können, kann die Aufnahme durch Tonband oder Kassette hinterher abschreiben. Ein der Analyse zugänglicher Text *muß* von Zeit zu Zeit vorliegen.

Verschiedenartige Fragestellungen können auf den Weg der Analyse einer Predigt bringen. Die folgenden sind *Beispiele*. Wenn hier in sprachliche und inhaltsorientierte Beobachtungen unterschieden wird, so darf dies nicht darüber hinwegtäuschen, daß dies zwei Seiten *einer* Medaille sind: die Sprache verrät den Inhalt, der Inhalt ist nur als Sprache zu haben. Es geht also nicht um die Trennung von Form und Inhalt, sondern nur um zwei verschiedene Annäherungsweisen.

1. Fragenkreis: Sprachliche Charakteristika der Predigt

- Gesamteindruck:
  eher Umgangssprache?
  eher »Hoch«-Sprache?
  eher bildhafte Sprache?
  eher abstrakte Sprache?
- Tauchen fachsprachliche (theologische) Wendungen oder Begriffe auf?
- Finden sich geläufige Worthülsen oder Illustrierten- oder Schlagersprache?
- Welche bildhaften Redewendungen fallen auf?
- Gibt es bevorzugte Wörter?
- Wie sind die Sätze konstruiert?
- usw.

2. Fragenkreis: Inhaltliche Momente der Predigt

- Die Predigt hat folgenden Aufbau: (ganz knapp in Punkten notieren).
- In welchem Verhältnis stehen die Teile der Predigt zueinander, logisch verbunden oder verschränkt, assoziativ miteinander verbunden, beziehungslos, selbständig nebeneinander?
- Was will der Prediger sagen (in einem Satz)? Und wogegen richtet er sich?
- Welche Beispiele und Materialien (außer dem biblischen Text) spielen eine Rolle?
- Welche Einsicht/Information liefert die Predigt?
- Kommen Emotionen (des Predigers, der Hörer) zur Geltung?
- Wie schätzt der Prediger sich und seine Rolle sowie seine Hörer und ihre Lage ein? Läßt sich dies aus der Predigt erschließen?
- usw.

C. D. Hinnenberg hat ein Kontrollraster entwickelt, das für die Selbstprüfung des Predigers und seiner Predigt gedacht ist. In seiner positiven Fassung hält es dem Prediger das Bild seiner eigenen, über jeden Mangel

erhabenen Schönheit vor – und der Prediger mag dann anhand der eigenen Predigt entscheiden, wo er (geringfügig) dahinter zurückbleibt:
Ich habe komplizierte und lange Sätze vermieden. Jeden Satz über zwei Zeilen Länge habe ich radikal gekürzt.
Inhaltlich habe ich mich auf zwei bis drei Gedanken beschränkt. Konkret und zielstrebig habe ich sie ausgeführt.
Kanaanismen habe ich eliminiert.
Ankündigungen, Annoncierung (»Das heißt: . . .«, »Außerdem meine ich . . .«, »Ich würde sagen: . . .«) habe ich vermieden, wo sie unpassend sind und die Sprache zum Amtsdeutsch machen.
Ich habe den Text auf falsches Pathos abgehorcht.
Graue Verben habe ich ersetzt und passive Formulierungen ins Aktiv gesetzt.
Partizipien habe ich vermieden. Ich habe dem Verb wirklich die Aussage des Satzes zugetraut.
Ich habe natürlich definitorisches Reden auf ein Minimum beschränkt.
Konjunktive sind, wo immer möglich, in direkte Rede umgesetzt.
Der substantivische Stil ist dem Schriftdeutsch entnommen. In meiner Rede habe ich das beachtet.
Daß-Folgen habe ich vermieden. Ich weiß ja: Die Hauptsache gehört in den Hauptsatz. Deswegen habe ich kurze neue Sätze gemacht.
Da ich noch nicht frei spreche, habe ich den Text soweit wie möglich von einer Schreibe zur Rede entwickelt.
Phrasen habe ich mir verkniffen. Chiffren und Phrasen sind Nüsse ohne Kern.
Unnötige Verstärkungen (»echtes Gespräch«) kommen bei mir nicht vor.
Auch den kleinen Lapsus habe ich entdeckt.
Meine eigenen Bilder habe ich auf ihre Verwendbarkeit scharf überprüft.
Alle Wörter mit . . . heit und . . . keit sind ersetzt durch Verben.
Schwarzweiß-Malerei habe ich mir abgewöhnt. Die Dinge liegen komplizierter.
Miesmacherei macht mutlos. Sie ist aus meinem Vokabular gestrichen.
Theologischen Seminarstil und theologische Richtigkeiten erzähle ich unserem Hund. Der wedelt sowieso.
Ich habe Argumente statt wohlgemeinter Beteuerungen gebracht.
Bei abstrakten Formulierungen habe ich mich gefragt: Wieso? Das hat mir zur Konkretion verholfen.
Meine Sätze sind inhaltlich nie zu voll.
Was die Kommunikation angeht, so weiß ich, daß die harte Gegeninformation den Hörer in seiner Haltung bestärkt. Vor den Kopf stoßen nützt gar nichts, wenn ich den anderen gewinnen will.
Unqualifizierte Polemik und Simplifikationen mögen für Kanzelschwalben ein Lebenselixier sein. Den ernsthaften und engagierten Hörer verärgern sie.
Ich habe das Image des Kirchgängers im Kopf gehabt und habe mich bemüht, es zu verbessern. Die Gottesdienstbesucher sind nicht so schlecht wie ihr Ruf.
Falsches Rollenbewußtsein habe ich vermieden.
Ich habe die zutreffende Solidarität gesucht und mich nicht angebiedert. Das unechte »Wir«!

Auch bin ich mir bewußt, daß unbeantwortete Fragen den Hörer frustieren. Ich stelle sie darum erst gar nicht, wenn ich keine Antwort geben soll.
Ich habe nicht laufend Einhundert-Mark-Scheine ausgegeben, sondern die kleine Münze unter die Leute zu bringen versucht. Detailliere – präzisiere – individualisiere. Ungedeckte Schecks verärgern den Empfänger.
Ich habe die redaktionsgeschichtliche Frage gestellt und sie systematisch bedacht. Weil die Meditation nicht zu früh abgebrochen werden darf, habe ich *diese* Hörer vor *diesem* Text versammelt und in *diesem* Horizont meine Aussagen gesucht.
Ich habe den Text nicht nur interpretiert, sondern Worte zugesagt. Ich habe die Sprache sprechen lassen.
Ich bin nicht in der Negation steckengeblieben. Ich habe das Positive, die reale Möglichkeit und Wirklichkeit des Evangeliums ausgeführt.

(C. D. Hinnenberg, in: Deutsches Pfarrerblatt, Nr. 9/1975, S. 297)

Schließlich noch eine Fragenreihe zur Selbstprüfung für Prediger: »Samstagsfragen« von Friedrich Niebergall aus dem Jahre 1907. Die uns fremd gewordene Sprache sollte nicht darüber hinwegtäuschen, daß in der Homiletik des 19. Jahrhunderts für unsere heutigen Fragestellungen oftmals mehr vorgearbeitet worden ist, als uns spätere, der Gegenwart näherliegende Zeiten glauben machen wollen:

Samstagsfragen.

1) Was will ich mit meiner Predigt? Und wie erreiche ich das, was ich will, bei meinen Leuten am besten?
2) Wird die alte Greth und auch der Herr Sanitätsrat etwas davon haben?
3) Denke ich nicht heimlich daran, zu zeigen, was ich kann?
4) Wie kann ich mißverstanden werden?
5) Ist alles ins heutige Deutsch übertragen?
6) Welchen Nagel schlage ich ins Gedächtnis ein, daß die Leute alles daran hängen, was sie hören?
7) Welche Stimmung soll über dem Ganzen und über den einzelnen Teilen liegen?
8) Ist alles möglichst konkret und anschaulich?
9) Ist alles erlebt und im Gebet vor Gott gebracht?
10) Würde ich selbst gefesselt und gefördert sein, wenn ich mir zuhörte?
11) Liegt nichts in meiner Person und in meiner Art, mich mit den Leuten zu benehmen, was meinem Worte den nötigen Nachdruck raubt?
12) Was will ich schreiben, einen Aufsatz für Leser oder eine Rede für Hörer?
13) Bin ich meines Stoffes ganz gewiß und mächtig?
14) Kann ich es nicht viel kürzer machen?

9. Ein Beispiel –

oder:

Probe aufs Exempel . . .

Rabbi Pinchas sprach:
»Wer sagt, die Worte der Lehre seien eine Sache für sich und die Worte der Welt seien eine Sache für sich, wird ein Gottesleugner genannt.«
Martin Buber

Ich stelle blockartig – und hier notwendig gerafft, z.T. verkürzt, nicht die Umwege, Nebengedanken und Ausdifferenzierungen berücksichtigend – Hauptschritte meiner Vorüberlegungen *nebeneinander,* zwischen denen im Vorbereitungsprozeß meine Vorklärungen, Erwägungen und Reflexionen *hin- und hergelaufen* sind. Dabei liegt mir nachdrücklich daran, daß trotz der schriftlichen Fixierung, die so leicht »abgeschlossen« wirkt, deutlich bleibt: die Predigtvorbereitung ist gerade da, wo sie konkret wird, eine Arbeits-*Hypothese,* eine *Versuchs-*Anordnung – also: ob es so geht, wie die Vorüberlegungen wollen, erweist sich immer erst im Versuch des geschriebenen Entwurfs.

1. Der Anlaß und seine Probleme: Pfingsten 1981

Pfingsten als Predigtanlaß signalisiert – anders als andere christliche Feste – ein hohes Maß an Beziehungslosigkeit. Pfingsten oder auch Heiliger Geist sind Stichworte, die wenig Haftpunkte im Alltagsleben haben und entsprechend blaß bleiben, sicher sowohl bei Kirchenfernen wie bei Kirchgängern. Weder als abgelöster »Glaubensinhalt« noch in der Verbindung von Glauben und Leben ist Pfingsten im Bewußtsein der Gottesdienstbesucher stark verankert, auch emotional nicht (das Gegenbeispiel dazu ist: Weihnachten oder Karfreitag). Vielleicht sollte dies nicht nur als Hintergrund der Predigt klar sein, sondern auch ausdrücklich thematisiert werden? Ich lasse die Frage vorerst offen.
Dieser Blässe steht, abgesehen von den individuellen Lebensproblemen der Gottesdienstbesucher (die hier kaum ermittelbar sind, vgl. Kapitel 2.), die konkrete Härte der politisch-zeitgeschichtlichen Situation kraß gegenüber: Pfingsten 1981 wird gefeiert, als die Frage nach Krieg oder Frieden in der Welt eine neue Qualität erhält. Stichworte: Nachrüstungsbeschluß; andauernde Polenkrise; im Innern: z.B. Hausbesetzungen als Symptom . . .

2. Zur Situation: Die Teilnehmer und ihre Erwartungen im Universitätsgottesdienst

Die *Teilnehmer* des Universitätsgottesdienstes, aus dem Stadtgebiet von ganz Mainz und der Umgebung kommend, lassen sich – ungerecht pauschal – so charakterisieren:
– sowohl Kirchgänger in ihren Heimatgemeinden wie auch der Kirche Fernstehende, die aber interessiert sind;

– Studenten, Universitätskollegen mit Familienangehörigen, gebildetes Bürgertum, keine Arbeiter, kaum Jugendliche;
– musikalisch Interessierte.
Also: keine »Durchschnittsgemeinde« – aber genau dies sollte zu dem Kriterium für die Predigt führen: Die Predigt für *diese* Gemeinde sollte so angelegt sein, daß sie ihr gerecht wird *und* für viele andere Gemeinden auch realisierbar wäre. Also: gerade nichts Elitäres! Denn was hier vom »Durchschnitt« abweicht, charakterisiert zum guten Teil andere Gemeinden auch, wenn auch weniger deutlich.

Die *Erwartungen* der Teilnehmer lassen sich (auch durch den Kontakt mit einem regelmäßigen Predigtnachgesprächskreis) ebenso stichwortartig benennen, und auch hier dürfte sich Spezifisches mit Typischem, mit vergleichbar in Variationen Wiederkehrendem, mischen.
Erwartet werden:
– sprachlich zugängliche, fundierte theologische Reflexionen, die unabdingbar mit dem Leben der Hörer verknüpft sein müssen;
– speziell: zu »Pfingsten« bzw. »Heiliger Geist« Zugänge zu finden, denn die Verlegenheiten gegenüber dem Pfingstfest, seiner Bedeutung, seiner »Relevanz« werden gar nicht verheimlicht;
– die persönliche Färbung der Aussage des Predigers, bedingt durch den Wechsel der Prediger im Universitätsgottesdienst;
– Beziehungen zwischen dem Dreieck: traditionsgeprägte Form des Gottesdienstes – aktuelles Wort der Predigt – Kirchenmusik (die hier eine bedeutende Rolle spielt und Teil des Gottesdienstes ist, nicht nur seine Dekoration);
– bei vielleicht nicht wenigen: Neugier – ob er auch 'was »Politisches« sagt? Oder 'was Kritisches?
– bei wenigen, bei denen aber sehr gezielt: Wie »macht« er es?
Aus dieser Situation und den an sie gebundenen Erwartungen sind nicht in erster Linie spezielle homiletische Einzelkonsequenzen zu ziehen, sondern die genannten Gesichtspunkte bestimmten die Predigtvorbereitung und die Predigtanlage insgesamt.

3. Zum Text: Johannes 16,5–15

Eingesehene Literatur:

R. Bultmann, Das Evangelium des Johannes (1957[15]),
S. Schulz, Das Evangelium nach Johannes (1972),

J. Behm, Artikel παϱάæλητος, in: THWzNT Bd. 5, hg. v. G. Friedrich (1954), S. 812 ff., G. Klein, Artikel Paraklet, in: RGG Bd. V (1961[3]), Sp. 102.

Ich lese Joh 16,5–15 in folgenden Textfassungen: Luther, Zürich, Wilkkens, sodann den griechischen Text, den ich mit S. Schulz' Übersetzung in seinem Kommentar vergleiche. Danach: *Pause* – damit der Text mit mir gehen kann . . .

Aufgrund genauer Lektüre der oben genannten Literatur kann ich die Aussagerichtung der Perikope und einige Fragen/Probleme folgendermaßen formulieren:

– Die landläufige Bezeichnung »Abschiedsreden«, in deren Zusammenhang Joh 16,1–15 steht, darf nicht auf die falsche Fährte führen, als gehe es einfach um eine Schilderung der damaligen Abschiedssituation. Vielmehr steht das »grundsätzliche Verhältnis des Jüngers zum Offenbarer« (Bultmann) zur Debatte.

– Der Verfasser des Johannesevangeliums meint im Kern: Alle Jünger sind in derselben Lage, die ersten sind nicht »besser« dran als die späteren. Alle müssen ohne Jesus leben. »Deshalb kann auch der Jünger der folgenden Generationen nie festhalten, worin ihm die Offenbarung begegnete, sei es das Erlebnis der Seele, sei es christliche Erkenntnis oder Kultur. Auch für ihn ist Jesus der ständig Abschiednehmende« (Bultmann).

– Mit dem Weggang Jesu kommt der »Paraklet« zu den Seinen. Die Problemfülle verkürzend, aber gewiß plastischer, kann man sagen: Der Geist Jesu bleibt bei den Seinen. Dies aber ist an Jesu Weggang gebunden. Was Paraklet/Geist-Beistand meint, umschreibt G. Klein (in RGG) präzise: »Im Rahmen der johanneischen Theologie dient der Begriff primär dazu, den Sachzusammenhang zwischen der historischen Kontingenz Jesu und der eschatologisch qualifizierten Verkündigung von ihm herauszuarbeiten.« Der Geist-Beistand, der Paraklet, hat damit eine Doppelfunktion: Er ist da in der Verkündigung der Gemeinde, und diese Verkündigung stellt die Welt, wie sie ist, in Frage, er überführt sie.

– Vers 12 ist ein neuer Einsatz, der die Zukunft der Jünger thematisiert, indem er sie und das Wirken des Geistes an die Verkündigung des irdischen Jesus anbindet. »Das Offenbarungsgeschehen wird also in der Gemeinde fortgesetzt« (S. Schulz).

– Will ich jetzt bis fast zur Unerlaubtheit vereinfachen, so kann ich zusammenfassend sagen: In der Perikope wird die Situation der Jünger nach Jesu Tod reflektiert. Die *Situation* ist grundsätzlich mit unserer eigenen *identisch*. Aber die *Reflexion* erfolgt bei Johannes in einer Sprache und Geisteswelt, die *nicht* mit der unseren identisch ist. An dieser Stelle, in dieser Diskrepanz liegt das Problem für den Prediger! Wie ist es zu lösen?

– Ich frage mich, ob es einen anderen Weg gibt, mit dem umschriebenen Problem fertig zu werden, als den der Auswahl, der Akzentuierung der Grundaussage der Perikope, unter weitgehendem *Verzicht* auf Sprache und Bilderwelt des Johannes, damit auch unter Verzicht auf Inhalte. Könnte das ein Weg sein, bei dem ich trotzdem »bei Johannes« bleibe?
– Etwa so: Wenn ich in der Predigt die »Abwesenheit Jesu« zum Angelpunkt nehme, also die damals und heute *identische* Situation, dann kann ich diese Situation doch auch auf *meine* Weise reflektieren, so wie sie Johannes auf seine Weise reflektiert hat. Liegt dies nicht geradezu in der »Logik« der johanneischen Rede vom Parakleten, auch wenn ich diese Rede in der Predigt nicht aufnehme?
– Sollte ich so verfahren, wäre vermutlich auch vor oder in der Predigt nur Joh 16,5–7 zu verlesen, um die Hörer nicht durch den so ungemein verschlüsselten Text zu irritieren.

4. Homiletische Literatur/Predigten

Eingesehene Predigthilfen:

1) Göttinger Predigtmeditationen 70. Jg./1981/Heft 5, S. 280ff. (K.G. Steck),
2) Predigtstudien 1981/ 2. Halbband, S. 69 ff. (W. Koeppen/ B. Wolf),
3) Gottesdienstpraxis 1981/ Band 2, S. 89 ff. (H. Leschonski).

Zu 1) »Göttinger Predigtmeditationen«:
Der Artikel von Steck hilft mir, die exegetischen Erträge weiterzuverarbeiten. Dabei verstärkt sich der Eindruck: Ich muß für die Predigt *einen* Grundgedanken herauslösen. Die Fülle und Vielfalt des ganzen Textabschnittes wird immer größer, je mehr ich in den Text eindringe. Für solche Auswahl wie überhaupt für die Predigt direkt bietet die Meditation kaum etwas (von 9 1/2 Druckseiten gerade eine reichliche Seite »Zur Predigt«!).

Zu 2) »Predigtstudien«:
Koeppen akzentuiert! Bei ihm kreist alles um den Kerngedanken: Jesus entzieht sich.

»Gesteht man dies zu, dann gewinnt der Predigttext in überraschender Weise Kontur: bringt er doch einen *Jesus* zur Sprache, *der sich entzieht,* den weder Frömmigkeit noch Rationalität festhalten kann und der auch seinen Jüngern, seiner Kirche, nichts Greifbares hinterläßt. Das heißt: Die immer wieder empfundene Schwierigkeit mit Pfingsten und seiner Rede vom Geist wird hier zugleich christologisch begründet und pneumatologisch gedeutet: Jesus verweist die Jünger in die Offenheit einer Zukunft, in welcher der ›Geist‹ als der ›Beistand‹ seine ›Wahrheit‹ enthüllt. Gebunden an die Tradition, ist er doch mehr als sie. Nunmehr wird verständlich, warum der johanneische Jesus der ›Trauer‹ seiner Jünger widerspricht: Sie ist der unangemessene Versuch, ihn als autoritativen ›Führer‹ festzuhalten und damit auf die Vergangenheit seiner einmaligen historischen Erscheinung festzulegen. Darin bekundet sich eine tiefe ›Furcht vor der Freiheit‹ (E. Fromm), die geist-los die Zukunft als Möglichkeit ausblendet« (S. 70).

»Rückgekoppelt auf unseren Text: Während die Jünger ihre (infantile?) Abhängigkeit zu bewahren und Jesus zu halten suchen, gibt er sie frei, mutet ihnen den Verlust seiner unvermittelten Gegenwart zu und setzt sie der ›Furcht vor der Freiheit‹ aus. Also keine Führernachfolge, keine symbiotische Einheit mit einem als ›Ich-Ideal‹ erlebten ›Heiland‹, keine Verarmung eigener Verantwortung, keine Selbstentwertung zugunsten eines alle Kräfte auf sich ziehenden ›Herrn‹!« (S. 72).

Als mögliches Predigtziel folgt daraus für Koeppen: »Mut zu machen zu leben, ›als ob es ihn – Jesus – nicht gäbe‹, und dies in dem Wissen, daß der Geist solcher Freiheit seine Gabe ist, in der er gegenwärtig bleibt« (S. 75).

Zu 3) »Gottesdienstpraxis«:
Vielleicht weil ich durch Koeppens Beitrag in den »Predigtstudien« stark beeindruckt bin, empfinde ich Leschonskis Ausführungen eher wortreich als inhaltsreich. Viel zu wenig Übersetzungsarbeit! Immerhin: Auch bei ihm spielt im Anfang der »theologischen Skizze« wie im Vorschlag für den Predigtanfang die Aussage vom fortgehenden Jesus eine gewisse Rolle, freilich ohne die Reichweite und das Gewicht wie bei Koeppen.

Zwischenbilanz:
Koeppens Predigthilfe bestärkt mich, meine Schlußüberlegungen bei der Beschäftigung mit der Perikope (s.o.) beizubehalten.

Eingesehene Predigten:

1) De van Nguyen, in: W. Jens (Hg), Assoziationen, Bd. 3 (1980), S. 130ff.
2) M. Mezger, Freude am Wort. Predigten (1975), S. 71 ff.
3) C. H. Ratschow, Leben im Glauben. Marbacher Predigten (1978), S. 18ff.
4) R. Bultmann, Marburger Predigten (1956), S. 48ff.

Die Auswahl der Predigten ist rein *zufällig:* herangezogen ist, was ich persönlich zur Hand habe, also keines zusätzlichen Aufwandes der Besorgung bedarf. Die Durchsicht erfolgt nicht pauschal, ungesteuert, sondern ich will gezielt beobachten, wie andere die Probleme homiletisch lösen, die mir zu schaffen machen. Daß ich mich darüberhinaus auch für weitere Anregungen möglichst offenhalte, versteht sich von selbst. Vorrangig interessiert mich:

- Wie werden die vier Prediger mit der *Aussagenfülle* und der fremden *Sprachwelt* des Textes fertig?
- Welche *Akzente* werden gesetzt? Welche *thematische* Auswahl wird getroffen?
- Wird aus der Perikope ein *Textabschnitt* herausgelöst?

Zu 1) van Nguyen:
Intensiver Meditationstext, beim Bedenken Assoziationen auslösend, den Leser weiterführend.
Für meine homiletischen Rückfragen unergiebig.

Zu 2) M. Mezger:
Mezger wählt als Predigttext nur die Verse 13–14: Der Geist der Wahrheit. Die Geist-Wahrheits-Aussage wird auf die durch den Anlaß (evangelisch-katholischer Gottesdienst) naheliegende thematische Linie bezogen: »Eine Gemeinde«. Gemeindeverständnis und Wahrheitsverständnis werden in ihrer Verschränkung situations- und hörerbezogen konkretisiert.

Zu 3) C. H. Ratschow:
Ratschow umgreift in der Predigt die ganze Perikope. Methodisch gelingt ihm das durch einen überaus geschickten Zugriff. Er wählt als Ausgangspunkt eine Frage, vor der Johannes in seiner Gemeinde stand: »Wie werden wir eigentlich damit fertig, daß Jesus nicht mehr da ist?« (S. 18). Die Perikope wird jetzt als zweiteilige Antwort auf diese Frage genommen (wobei im weiteren Verlauf, fast unmerklich, die damalige Frage und Antwort, also die »identische Situation!«, auf die heutigen Hörer transponiert wird). Der erste Teil der Antwort bezieht sich darauf, daß es »gut« ist, daß Jesus weggeht; der zweite Teil bezieht sich auf den »Geist der Wahrheit«, sozusagen als die entscheidende Hilfe und Ermöglichung des Lebens nach Jesu Weggang. Dieser Geist hindert daran, »an dem historischen Einmal des Wortes Jesu für die damalige Welt« festzuhängen (S. 21) und öffnet den Weg in das Wagnis, *heute* konkret, auf *unsere* Lage bezogen, »auf Gott hin« (S. 22) zu reden. Was Ratschow freilich wenig konkret tut.

Zu 4) R. Bultmann:
Die über zehn Druckseiten lange Predigt umfaßt die ganze Perikope. Nach einmaliger Lektüre verzichte ich (unbillig, ungerecht, wie man bisweilen sein muß, wenn die Zeit drängt) auf eine weitere Beschäftigung. Mein erster Eindruck: Eine Fülle von Aussagen, die aber für den Hörer viel zu wenig strukturiert ist, um den »roten Faden« erkennbar werden zu lassen.

Fazit:
– Die Aussagestruktur des Textes und die Frage, ob man akzentuieren oder einen Abschnitt herauslösen kann, ist nicht nur mein Problem. Das beruhigt.
– Mezgers Lösung überzeugt, ist aber an seine Predigtsituation gebunden.
– Ratschows Lösung imponiert mir. Er bändigt die Fülle durch eingängige Strukturierung.
Ich erwäge:
Ratschows Ausgangsfragestellung (Wie werden wir damit fertig, daß Jesus nicht mehr da ist?) bestärkt mich in dem Gedanken, mich auf diese Frage zu konzentrieren. Es ist dieselbe Fragerichtung, auf die ich am Schluß der Exegese gestoßen war. Damit lassen sich Anregungen aus den »Predigtstudien« (s.o.) kombinieren.
Gewarnt bin ich – ein weiteres Mal – durch Ratschows Predigt vor Abstraktion und Theologensprache!
Damit haben die Predigtbeispiele für mich ihre Funktion erfüllt. Sie werden nunmehr weit weggestellt. Was anregend im Gedächtnis haften geblieben ist, genügt. Nochmaliges Lesen würde hindern, die eigene Sprache zu finden.

5. *Sprache / Umsetzungen / Übertragungen*

Wenn ich thematisch akzentuiere: in Jesu *Abwesenheit* leben und was das heißt – dann kann ich die Problematik vielleicht an einer Analogie aus dem Erfahrungsbereich der Hörer zugänglich machen. Die Analogie wäre die Situation einer Familie, die einen nahestehenden Verstorbenen betrauert und (vielleicht) lernt, ohne ihn weiterleben zu müssen. Diese Situation läßt sich sehr plastisch schildern.
– da sitzt eine trauernde Familie zusammen . . .
– und sie fragen: wie sollen wir ohne ihn weiterleben . . .
– und vielleicht finden sie eigene Schritte . . .

Die Brisanz der Situation, daß Jesus *nicht* mehr bei den Seinen ist, läßt sich wahrscheinlich durch eine »Umkehrung« der Perikope verdeutlichen: Wie wäre die Lage, wenn er nicht den Seinen genommen worden wäre, sondern für alle Zeiten als ihr *Bannerträger* leibhaftig vor ihnen herginge? Vermutlich so: Die christlichen Heerscharen würden gehorsam folgen . . . Das ist in schildernder Sprache darstellbar. Die Schilderung sollte – durch Rückfragen? – zur Reflexion solcher Art von Gehorsam und Nachfolge anleiten (ggf. dazu noch einmal vergleichen: D. Sölle, Phantasie und Gehorsam!). Springender Punkt ist: Ein solcher »Führer« christlicher Heerscharen ist Jesus gerade nicht!

Um ein weiteres Stilmittel – und damit Abwechslung – in die Predigt hereinzubekommen, müßte ich ausprobieren, ob im Kontrast zu dieser Schilderung (»Jesus als Bannerträger«) eine *Rede*, eine fingierte Rede des abwesenden Jesus an *heutige* Hörer einsetzbar ist, etwa im Stil von: »Hört doch auf, meinen Tod zu beklagen – ihr müßt selber leben . . .!« Wenn das gelingt, bietet sich als nächster Schritt die Umsetzung in konkrete heutige Lebens- und Überlebensfragen an, die jedoch deutlich neben und nach der fingierten Jesusrede stehen sollen (also bewußt nicht Jesus in den Mund gelegt werden). *Die* heutige Überlebensfrage ist dann wohl die Friedensfrage.
Vielleicht läßt sich auch – ich sehe noch nicht recht, an welcher Stelle – Pfingsten im Sinn von »heute sein Leben als Christ übernehmen« mit *Reformation* zusammenbringen.

6. Probeweiser Aufriß / Aufbau

– Pfingsten ist schwer zugänglich . . .
Behauptung: Aber Pfingsten geht es um unser gegenwärtiges Leben . . .

– Situationsschilderung: Trauergesellschaft . . .

– Parallele Situationsschilderung: »Trauergesellschaft« der Jünger, die dem abwesenden Jesus nachweinen . . .
Textverlesung: Johannes 16,5–7
Akzentuierung: »Es ist gut, daß ich weggehe!«

– Gegenbild: Wie es wäre, wenn Jesus für immer geblieben wäre . . .

– Fingierte Rede Jesu an uns heute: »Lebt *heute*, als selbständige Menschen, in meinem Geist . . .«

– Konkretisierung: Pfingsten heute = Frieden leben, auf allen Seiten!

7. Ziel / Absicht

Mit Hilfe des Textes Joh 16,5–7 möchte ich dadurch, daß ich die Konsequenzen der Abwesenheit Jesu verdeutliche, zeigen:
– Jesus mutet uns zu, in seiner Abwesenheit zu leben . . .
– In der Abwesenheit leben, getrennt von dem, dem man nahe sein möchte, fordert Selbständigkeit . . .
– »Heiliger Geist« meint, im Sinne Jesu, solche Selbständigkeit unserer Lebensgestaltung heute – wiederum: im Sinne Jesu . . .
– Darum ist Pfingsten, als befremdliches Fest, so gegenwartsbezogen, daß wir eigentlich erschrecken müßten . . .

Pfingstpredigt im Universitätsgottesdienst am 7.6.1981

Der abwesende Jesus

(Joh 16,5–7)

I

Pfingsten, das weniger volkstümliche Fest als Weihnachten oder Ostern, Pfingsten mit seiner schwerverständlich scheinenden Rede vom Heiligen Geist – an diesem Pfingstfest geht es in einer so unmittelbaren Weise um uns und um die Wirklichkeit unseres *gegenwärtigen Lebens*, daß uns eigentlich der Atem stocken müßte. Es ist schon so: Die anderen Feste, Weihnachten oder Ostern, können wir im Grunde nur »richtig« feiern, wenn wir begriffen haben, was es Pfingsten zu feiern gibt.
Was es Pfingsten zu feiern gibt – davon soll heute die Rede sein. Und da brauchen wir als Hilfe erst einmal eine Situation, die wir alle kennen, die

einen aus unmittelbar bedrängender, augenblicklicher Lebenserfahrung, andere vielleicht aus einem anderen Abschnitt ihres Lebens.

II

Wir kennen die Situation alle. Da sitzt eine Trauergesellschaft zusammen, ein Angehöriger, der allen viel bedeutet hat, ist gestorben, und ausgesprochen oder unausgesprochen bewegt alle die Frage: Wie sollen wir ohne ihn auskommen? Man kann sich das leicht ausmalen: sei es der Vater, die Mutter, sei es der Chef – Ältere, Jüngere, Haltsuchende fragen: Wer gibt nun *seinen* Rat? Wer gibt uns *seinen* Halt? Wie soll es weitergehen *ohne* ihn? Und wenn es gut geht, dann finden die Trauernden Schritt für Schritt aus der Abhängigkeit heraus, finden *eigene* Wege, vergessen den Verstorbenen nicht, aber sie finden ihre *eigenen* Antworten auf die Fragen, die ihnen das Leben stellt.
Sie werden selbständig.
Sie werden erwachsen.

III

Und nun will ich eine Szene schildern, die der eben erzählten sehr ähnlich ist. Sie ist nicht einfach deckungsgleich damit, aber die erste ist mit der zweiten vergleichbar.
Da sitzen Menschen beieinander, zur frühen Christenheit gehörig, von Trauer erfüllt, weil Jesus nicht mehr da ist, und sie fragen: Wie soll es denn *ohne* ihn weitergehen? Was soll *ohne* ihn werden? Sind wir jetzt etwa ganz auf uns selbst gestellt?
Das ist eine Szene aus dem Johannesevangelium, und der Evangelist, der die Fragen seiner Leute kennt, läßt Jesus antworten. Der sagt: Nein, *ich bleibe nicht bei euch*, sondern:

»Ich gehe hin zu dem, der mich gesandt hat; doch niemand von euch fragt mich: Wo gehst du hin? Sondern Trauer hat euer Herz erfüllt, weil ich euch das gesagt habe. Aber ich sage euch die Wahrheit: *Es ist gut für euch, daß ich weggehe.* Denn wenn ich nicht weggehe, kommt der Beistand nicht zu euch. Wenn ich aber hingehe, will ich ihn zu euch senden.«
(Joh 16,5–7)

Jesus sagt mehr noch. Aber das lassen wir beiseite. Worum es geht, ist dies: *»Es ist gut für euch, daß ich weggehe.«*
Ich bin mir nicht sicher, ob dieser Satz aus dem Johannesevangelium unter Christen sehr bekannt ist. Ich vermute eher das Gegenteil. Der Satz eines

anderen Evangelisten: »Ich bin bei euch alle Tage bis an der Welt Ende«, dieser Satz wird wohl für viele Christen eher bestimmend sein. Aber nun: Ich gehe fort, und das ist gut für euch –?
Es ist eine aufregende Weichenstellung. Wenn wir sie in ihrem Folgenreichtum begreifen, dann haben wir etwas verstanden über unser heutiges Leben als Christen. Und eben dies ist das Thema von Pfingsten.

IV

Es klingt ja wirklich anstößig, aber ich kann es nicht ändern: Wir *feiern* Pfingsten, daß Jesus nicht mehr unter uns ist; daß er fortgegangen ist. Das *feiern* wir?!
Was soll das?
Darüber ist nachzudenken.
Das ist am leichtesten, wenn wir einen Augenblick die Geschichte auf den Kopf stellen und fragen: Wie sähe die Kirche, wie sähen die Christen aus, heute und durch die Zeiten, wenn Jesus damals *nicht* weggegangen wäre? Wenn er, auf welche Weise auch, bis zur Stunde lebend, der »Glaubensführer« der Menschen, der »Anführer« der Christenheit wäre? Er – direkt und unmittelbar als Person unter uns?
Seine Abwesenheit wäre dann nicht zu betrauern. Wir hätten jemand, der in unserer Lage raten und leiten könnte – wir würden ihm *folgen*. Er könnte sagen: So, und so nicht – wir würden *gehorchen*. Er könnte dazwischenfahren – und wir *wüßten*, woran wir sind.
»Folgen«, »gehorchen«, »wissen«.
Und wenn Jesus den Glauben an Gott so gerade nicht verstanden hat? Und wenn Jesus den Menschen gerade nicht als Gefolgsmann eines großen religiösen Führers verstehen wollte?
Genau dies ist der springende Punkt.
Folgsamkeit ist nicht Glaube.
Jesus ist kein zeitloser religiöser Führer.
Christen sind keine Untertanen.

V

Ich will ein etwas gewagtes Spiel treiben. Zur Verdeutlichung für uns. Wenn Jesus damals in der Sprache *unserer* Zeit mit seinen Leuten geredet hätte, wenn er den einen Satz: »Es ist gut für euch, daß ich weggehe« mit *unseren* Worten entfaltet hätte, dann hätte er vielleicht folgende Rede gehalten:

»Freunde, hört auf, meinen Tod zu beklagen! Ihr seid keine unmündigen Kinder, die allein nicht zurechtkommen. Seid erwachsen. Erwachsene gehen aufrecht und lassen sich nicht immer an der Hand der Eltern führen. Freunde, ihr müßt jetzt in der Tat ohne mich leben. Stellt euch eurem eigenen Leben! Das ist Frömmigkeit! Ihr könnt nicht mehr mit mir reden wie mit einem Nachbarn. Macht euch keine Bilder von mir, die euch unfrei machen. Daß ich gehe, ist kein Grund zur Trauer! Denn was ich im Kern will und was ich für euch in Bewegung gebracht habe, *das wißt ihr ja*. Lebt, handelt in meinem Geist! Mein Geist ist bei euch. Merkt ihr nicht, daß ich euch als freie, mutige, selbständige Menschen will?!«

VI

Und was folgt daraus heute, am Pfingstsonntag 1981?
Wie kann man von diesem Jesus heute reden – wie von einer Kirche, die sich heute auf ihn beruft?
Vielleicht so:
Pfingsten heute leben heißt, im Geiste Jesu in den *Lebens- und Sterbensfragen* unserer ZeitPartei ergreifen. Im Geiste Jesu, der von Atomrüstug oder Ost-West-Machtblöcken nichts wußte, heute Stellung nehmen, heißt z.B. *für den Frieden* und *gegen Rüstung auf allen Seiten* eintreten. Davon reden, davon träumen, dafür werben, unter Berufung auf Jesus, das ist Aufgabe einer Kirche, die sich auf Jesus beruft, auch wenn mancher Politiker die Kirche davon lieber nicht reden hört. Das muß die Kirche auf sich nehmen, wie es Jesus auf sich nehmen mußte, daß die Oberen ihn nicht gern anhörten. Eine Kirche, die aller Welt paßt, ist keine pfingstliche Kirche, sondern eine bequeme Kirche. Aber Pfingsten, Heiliger Geist, ist unbequem. Und gerade darin: Liebhaber und Anwalt des Lebens.

Oder vielleicht mit einem Bild:
Pfingsten begreifen, heißt den Kalender verändern. Mit dem weggegangenen Jesus selbständig leben, das könnte uns auf den Gedanken bringen, unser alljährlich an einem nebeligen Spätherbstsonntag dahinkümmerndes Reformationsfest auf den Pfingstsonntag zu verlegen, in den hellen Frühsommer.
Denn: Pfingsten ist Reformation der Kirche.
Und: Reformation ist Pfingsten.
Und: Reformation der Kirche gilt immer zugleich dem Leben in der Welt.

10. Schlaue Kollegen –

oder:

Was andere zur Predigtvorbereitung sagen . . .

Nach Belieben:

Literatur ist gedruckter Unsinn.
August Strindberg

Die Lektüre ist das Zusammenwirken des Lesers mit dem Gelesenen.
Charles P. Péguy

*K. Tucholsky: Ratschläge für einen schlechten Redner**

Fang nie mit dem Anfang an, sondern immer drei Meilen vor dem Anfang! Etwa so:
»Meine Damen und meine Herren! Bevor ich zum Thema des heutigen Abends komme, lassen Sie mich Ihnen kurz . . .«
Hier hast du schon ziemlich alles, was einen schönen Anfang ausmacht: eine steife Anrede; der Anfang vor dem Anfang, die Ankündigung, daß und was du zu sprechen beabsichtigst, und das Wörtchen kurz. So gewinnst du im Nu die Herzen und die Ohren der Zuhörer. Denn das hat der Zuhörer gern: daß er deine Rede wie ein schweres Schulpensum aufbekommt; daß du mit dem drohst, was du sagen wirst, sagst und schon gesagt hast. Immer schön umständlich.
Sprich nicht frei – das macht einen so unruhigen Eindruck.
Am besten ist es: du liest deine Rede ab. Das ist sicher zuverlässig, auch freut es jedermann, wenn der lesende Redner nach jedem viertel Satz mißtrauisch hochblickt, ob auch noch alle da sind . . .
Sprich, wie du schreibst. Und ich weiß wie du schreibst. Sprich mit langen, langen Sätzen – solchen, bei denen du, der du dich zu Hause, wo du ja die Ruhe, deren du so sehr benötigst, deiner Kinder ungeachtet, hast, vorbereitet, genau weißt, wie das Ende ist, die Nebensätze schön ineinandergeschachtelt, so daß der Hörer, ungeduldig auf seinem Sitz hin und her träumend, sich in einem Kolleg wähnend, in dem er früher so gern geschlummert hat, auf das Ende solcher Periode wartet . . . nun, nun ich habe dir eben ein Beispiel gegeben. So mußt du sprechen.
Fang immer bei den alten Römern an und gib stets, wovon du auch sprichst, die geschichtlichen Hintergründe der Sache. Das ist nicht nur deutsch – das tun alle Brillenmenschen . . .
Kümmere dich nicht darum, ob die Wellen, die von dir ins Publikum laufen, auch zurückkommen – das sind Kinkerlitzchen. Sprich unbekümmert um die Wirkung, um die Leute, um die Luft im Saale; immer sprich, mein Guter. Gott wird es dir lohnen.
Du mußt alles in die Nebensätze legen. Sag nie: »Die Steuern sind zu hoch.« Das ist zu einfach. Sag: »Ich möchte zu dem, was ich soeben gesagt habe, noch kurz bemerken, daß mir die Steuern bei weitem . . .« So heißt das.
Trink den Leuten ab und zu ein Glas Wasser vor – man sieht das gerne.
Wenn du einen Witz machst, lach vorher, damit man weiß, wo die Pointe ist.
Eine Rede ist, wie könnte es anders sein, ein Monolog. Weil doch nur einer spricht. Du brauchst auch nach vierzehn Jahren öffentlicher Rednerei noch nicht zu wissen, daß eine Rede nicht nur ein Dialog, sondern ein Orchesterstück ist: eine stumme Masse spricht nämlich ununterbrochen mit. Und das mußt du hören. Nein, das brauchst du nicht zu hören. Sprich nur, lies nur, donnre nur, geschichtele nur.
Zu dem, was ich soeben über die Technik der Rede gesagt habe, möchte ich noch

*) Die bibliographischen Angaben zu allen hier zusammengestellten Textauszügen sind aus Abschnitt 11.: »Kleine Bibliographie« zu entnehmen.

kurz bemerken, daß viel Statistik eine Rede immer sehr hebt. Das beruhigt ungemein, und da jeder imstande ist, zehn verschiedene Zahlen mühelos zu behalten, so macht das viel Spaß.
Kündige den Schluß deiner Rede lange vorher an, damit die Hörer vor Freude nicht einen Schlaganfall bekommen. (Paul Lindau hat einmal einen dieser gefürchteten Hochzeitstoaste so angefangen: »Ich komme zum Schluß«.) Kündige den Schluß an und dann beginne deine Rede von vorn und rede noch eine halbe Stunde. Dies kann man mehrere Male wiederholen.
Du mußt dir nicht nur eine Disposition machen, du mußt sie den Leuten auch vortragen – das würzt die Rede.
Sprich nie unter anderthalb Stunden, sonst lohnt es gar nicht erst anzufangen.
Wenn einer spricht, müssen die andern zuhören – das ist deine Gelegenheit! Mißbrauche sie.

K. Barth (1932/66):

Der Mensch, den ich anreden will, muß mir bei der Predigtvorbereitung stets vor Augen stehen, und es wird dabei viel darauf ankommen, wie gut oder wie schlecht ich diesen Menschen kenne. Aus dieser meiner Kenntnis des Menschen werden mir dann auch jeweils Einfälle und Assoziationen kommen, die mich bei meiner Vorbereitung von Vers zu Vers begleiten. Diese Einfälle bilden dann das Gegenwartsmaterial zur Predigt. Und wenn uns mit dem Befund unserer theologischen Exegese eine unverrückbare Grundlage gegeben ist, so bedeutet demgegenüber unser Gegenwartsmaterial das unsichere und bewegliche Element im weiteren Bau unserer Predigt.
Für die Beschreibung des Verhältnisses von applicatio zu explicatio bei der Vorbereitung einer Predigt gilt folgender Leitsatz: *In der Predigt muß sich explicatio zu applicatio verhalten wie Subjekt zu Prädikat.*

2. Der methodische Weg
Rein *methodisch* wäre dabei so zu verfahren: Es würde sich zunächst darum handeln, ganz schlicht die Einfälle zu notieren, die einem beim Nachdenken über den Text gerade kommen. Aber hier müssen wir unverzüglich ein Warnungssignal aufstellen. Dieses Gegenwartsmaterial, das wir uns in mehr oder weniger reichlicher Fülle angesammelt haben, trägt die Eigenschaft eines sehr unsicheren und wandelbaren Faktors bei der Predigtvorbereitung. Die reine, von keiner menschlichen Beimischung beschwerte Textdarbietung erweist sich dagegen als der allein sichere und verläßliche Grund. Sie bleibt das A und O der Lehre des heute zu begehenden Zeugnisweges. Haben wir uns diese Erkenntnis zu eigen gemacht, so ist erst die

Voraussetzung gegeben, die zweite Erkenntnis nutzbar zu machen, daß dieser Zeugnisweg in und mit der Kirche der Gegenwart zu begehen ist und daß es sich dabei um die schon berufene und immer wieder neu zu berufende Kirche handelt. Der Mensch, der da angeredet wird, ist der Mensch mit all seinen Sorgen und Nöten. An ihn in dieser ganz konkreten Situation, in seinem irdischen Dasein und Sosein ergeht der Ruf Jesu Christi, an ihn als den Menschen der Gegenwart, unter dem wir aber weder den Prediger noch die Gemeinde als abstrakte Größen zu verstehen haben. Die Kirche findet ja nicht ihre Verkörperung in der Person des Predigers, auch nicht in der Gemeinde, sondern die Kirche ist Prediger und Gemeinde. Beide bilden eine Einheit, die nicht auseinandergerissen werden kann.

Wenn wir nun daran denken, daß es sich in der Predigt um das Beschreiten des im Text vorgeschriebenen Zeugnisweges handelt, so stoßen wir beim weiteren Nachdenken über das Wesen der applicatio auf eine Schwierigkeit, die sich nicht auflösen, sondern nur beschreiben läßt, und die in dem Problem des Verhältnisses von *Lebensnähe und Textnähe* besteht.

Bei der Vorbereitung der Predigt wird es einerseits darauf ankommen, den Text so zu bedenken, daß er vom Prediger her wirklich als von einem heutigen Menschen durchdacht wird und dann auch wirklich zu einem Wort an den heutigen Menschen werden kann. Wie wir sahen, stellt sich der postulierte Gegenwartsstoff bei Anlaß des durchgearbeiteten Textes ein, wobei wir mit zwei Grenzwerten in der Gestaltung und Verwertung des einmal gefundenen Stoffes zu rechnen haben: einem *Optimum* und einem *Pessimum*. Die Entscheidung, wie weit der Text eine Heranziehung von Gegenwartsproblemen gestattet, wird immer einen Höchstwert ergeben, soweit dabei die Schrift einzig und allein als Norm gilt. Verliert sich aber der Prediger in eigenen Gedankenbildungen ohne diese Grenzsetzung durch die Schrift, dann stehen wir vor einer höchst fragwürdigen Erfüllung jenes Postulats der applicatio. Einerseits wird man sagen müssen, daß man bei jeder Predigt nicht genug an die Menschen, denen sie gilt, denken kann. Denn jedes Wort, das diesen hörenden Menschen verkündigt werden soll, muß zu einem Wort werden, das ganz speziell und eindeutig unsere Gegenwart anredet.
Wehe nun aber dem Prediger, der erstens nicht sieht, wie aktuell für den heutigen Menschen das betreffende Bibelwort dasteht! Wehe aber noch mehr dem Prediger, der wohl die Kontingenz und Aktualität eines Schriftwortes in bezug auf den Menschen der Gegenwart sieht, nun aber sich fürchtet oder kein Ärgernis geben will und damit zum Deserteur am Worte wird, das uns angreifen und beunruhigen, das mit dem heutigen Menschen konfrontiert werden will, um ihn so erst recht zur Ruhe Gottes zu führen, und das nun durch die Feigheit und den Ungehorsam des Predigers verschüttet und so an seinem eigentlichen Werk gehindert wird! Darum braucht es zur rechten applicatio des Textwortes eine gewisse Zivilcourage, die nun aber nichts anderes will als dem Inhalt des Schriftwortes gegenüber allen äußeren Lebensverhältnissen unter allen Umständen zum Ausdruck zu verhelfen, eine Zivilcourage also, die nur im Gehorsam gegen den Text den Zugriff gegenüber der konkreten Situation des Lebens wagt und die dann auch jeder eigenen Verantwor-

tung für alle Folgen dieses im Gehorsam gegen den Text vollzogenen Zugriffes überhoben ist. Denn dann ist es allein das Wort der Heiligen Schrift, das hier die Verantwortung trägt. Für einen verantwortungsbewußten Pfarrer gibt es überhaupt keine Zeit und keine Situation, wo der Text »bedrohlich und gefahrvoll« werden könnte. Was der Text zu sagen hat, muß bedingungslos gesagt werden, und wenn es dem Prediger den Hals kosten sollte. Also Offenheit für den Text und dann Mut zur Verkündigung – das sei an dieser Stelle mit allem Nachdruck betont. Dieser Forderung der Lebensnähe steht die Forderung der Textnähe gegenüber. Gerade wenn man sie ganz ernst nimmt, dann kommt man hier in eine Schwierigkeit, die nicht durch ein besonderes Rezept gelöst, sondern nur in ihrer Gefährlichkeit allen zur Warnung beschrieben werden kann. Es besteht dann nämlich die große Gefahr, daß wir auf Grund der Gedankenassoziationen, die sich bei uns nach unserer Meinung im Anschluß und in Auslegung des Textes als eine Beziehung zur Wirklichkeit des Menschen der Gegenwart eingestellt haben, gerade wiederum etwas von außen in den Text hineintragen, was nicht im Texte steht, was wir aber auf Grund einer gewissen Geladenheit mit einem schönen Gedanken unbedingt in der Predigt meinen anbringen zu müssen – wobei wir zwar dann nicht in den Fehler einer lebensfremden Exegese des Textes verfallen, wohl aber in den umso größeren und schwerwiegenderen Fehler der geistigen Blasenbildung, der Textvergewaltigung oder kurz gesagt der Themapredigt, bei der dann nur zu leicht etwas für den Text Nebensächliches in der Predigt zur Hauptsache werden kann, da wir nur zu gern die schönen Gedanken unseres selbstsüchtigen Ich mit den meist weniger gemütlichen und zeitgemäßen Gedanken des Textes verwechseln. Darum wird es nun darauf ankommen, das Gegenwartsmaterial, das sich uns aufdrängt, mit derselben Vorsicht noch einmal vom Text her zu prüfen und sozusagen durch ein zweites Sieb gehen zu lassen, eine Vorsicht, die wir vorhin gegenüber dem Mut zum Text und der Offenheit für den Text als unangebracht bezeichnen mußten.

3. Drei Warnungen

a) Was heißt einen Text *»anwenden«?* Was heißt auf die Gegenwart bezogen von einem Predigttext aus »bezeugen«? Jedenfalls nicht, daß mit Zeitungszitaten mehr oder weniger aktuelle Inhalte aufgefahren oder auch nur mit Stichworten darauf angespielt werden soll. In einem solchen direkten Angriff ist die Gemeindemäßigkeit, die wir zu Anfang forderten, noch lange nicht gegeben. Die vielfach als besonders wirkungskräftig gerühmten, ganz »landschaftlichen«, »heimatlichen« Predigten können oft sehr unheilvoll sein. Das Entscheidende findet in solcher Typisierung noch nicht statt. Es ist wohl denkbar, daß ein Prediger, der seine Predigt ganz exakt exegetisch aufgebaut hat und überhaupt keine Anspielung auf die Gegenwart bringt, dessen Herz aber übervoll ist von den tausenderlei Nöten der gegenwärtigen Zeit, die wirkliche Lebensnähe hat. Man setze doch bloß nicht immer voraus, daß die Gemeinde (besonders wenn es eine Landgemeinde ist) so weltfremd und lebensfern ist, daß sie die Nöte der Gegenwart nicht kennt. Sie kennt das Leben ganz genau und braucht wirklich keine Orientierung durch den Pfarrer. Also behalten wir die große Gefahr des direkten Redens und Anspielens immer im Auge. Eine Assoziation solcher äußerlicher Gedanken hat oft zur Folge, daß der

Hörer angeregt wird, nun mit seinen eigenen Gedanken auf die Wanderschaft zu gehen. Besonders unheilvoll wirkt sich da die Methode aus, mit Beispielen aller Art die Predigt zu »würzen«. Unter keinen Umständen auf die Jagd nach Beispielen gehen!

b) Jeder Mensch und nicht zuletzt der Prediger hat seine theoretischen und praktischen *Lieblingsgedanken*, die wir nur schwer loswerden können. Die applicatio darf nun nicht darin bestehen, daß wir diesen Vogel, den wir nun alle einmal im Kopf haben, immer wieder fliegen lassen. Diese Lieblingsgedanken gehören zum Fleisch, zum alten, ungetauften Menschen. Es gibt ja wohl hie und da eine Situation, wo sie ausgesprochen werden können, aber die Gefahr des Mißbrauchs ist riesengroß. Die Marotte z.B. mit dem Abstinenzgedanken oder auch mit sozialen, ethischen o.a. Problemen wirkt immer wieder verführerisch, jedesmal in der Predigt nach dieser Richtung hin einen Schuß abzufeuern. Also Vorsicht gegenüber eigenen Lieblingsgedanken und Bereitschaft zur Brechung durch den Text!

c) Noch eine Warnung sei hier vorgebracht. Die Anwendung und das Bezugnehmen darf nicht immer à jour sein, d.h. es braucht nicht immer das Allerneueste und Sensationellste gebracht zu werden. Hat sich z.B. in der vergangenen Woche in der Gemeinde ein Brand ereignet, unter dessen schrecklichem Eindruck die Gemeindeglieder zur Stunde noch stehen, dann hüte man sich, mit diesem Thema auch nur anspielungsweise in der Predigt aufzufahren. Das gehört zum Alltag, und jetzt ist es Sonntag, da will man nicht stecken bleiben in der Not des Alltags, da will man weiter und höher darüber hinaus.

§ 3: Das Aufschreiben der Predigt

Die grundsätzliche Vorbedingung bei der Ausführung ist, die Predigt aufzuschreiben. Diese Bedingung ist so wichtig, daß eine eingehende Begründung erforderlich erscheint. Eine Predigt ist zwar eine Rede und soll es auch sein, aber bei dieser Rede darf man es nicht darauf ankommen lassen, ob der Heilige Geist (oder auch ein anderer Geist!) die Worte eingibt, gleichgültig, ob man eine Disposition hat oder nicht. Eine Predigt ist vielmehr eine Rede, die man – und das entspricht allein ihrer Würde – wörtlich vorbereitet und niedergelegt hat. Wenn es schon im allgemeinen gilt, daß wir von jedem unnützen Wort Rechenschaft ablegen müssen, so erst recht in der Predigt. Denn predigen ist nicht eine Kunst, die der eine beherrscht, weil er ein guter Redner ist und die der andere nur dadurch erlangen könnte, daß er die Predigt schriftlich ausarbeitet, sondern die Predigt ist ein kultisches Geschehen, ist der Zentralakt des evangelischen Gottesdienstes, der in enger Beziehung zum Sakrament steht. Nur eine Predigt, bei der jedes Wort voll und ganz verantwortet werden kann, ist ein sakramentaler Akt. Wer den Gottesdienst der Gemeinde zu leiten und den zentralen Akt, der dem Meßopfer in der katholischen Kirche entspricht, zu vollziehen hat, soll sich klarmachen, daß er dieses Amt nur mit vollster Überlegung und nach bestem Wissen und Gewissen auf sich nehmen darf. Druckreif müßte sozusagen jede Predigt sein, ehe sie gehalten wird. Eine Predigt ist eben mehr als ein Vortrag, eine Bibelstunde oder ein Konfirmandenunterricht, und danach hat man sich zu verhalten. Es gehört geradezu zur Heiligung eines Predigers, sich an eine solche Regel ein für allemal gebunden zu fühlen.

Richten wir nun unser Augenmerk auf die rein sprachliche Gestaltung des zu verkündenden Wortes: Wir können hier geradezu von einer *Kultur der Sprache* reden, die wir zu pflegen haben. So gewiß wir während des ganzen Lebens der Kultur bedürfen, kann auch das Organ der Sprache nicht genug gepflegt werden. Es gibt einen Prozeß des Sichabschleifens der Sprache, der darin besteht, daß man sich in der Form wiederholt, für gewisse Dinge gewisse Wendungen hat. Das verleitet aber zum Überhören. Es sei also nachdrücklich davor gewarnt, in ständiger Wiederholung abgegriffener Redensarten eine besondere Wirkung auf den Hörer erreichen zu wollen. Wiederholung macht auf alle Fälle auch den Inhalt wirkungslos. Leichte Lektüre und Zeitungsdeutsch sind eine Gefahr, weil sie zu einer Vergiftung der Sprache von außen führen können mit ihren allgemeinen Ausdrücken und Modewendungen, die oft ganz sinnlos sind. Im schnellen, oberflächlichen Hinschreiben laufen wir Gefahr, die Sprache gründlich zu verpfuschen und allgemeine Wendungen zu einer regelrechten Krankheit ausarten zu lassen. Nur ein Mittel gibt es, dieser Gefahr zu entgehen: peinlich genaue Ausarbeitung jedes Wortes, das in der Predigt gesagt werden soll. Bei dieser Arbeit, die sich also nicht nur auf die Gedanken beziehen kann, lernt man, auf Wendungen und Sätze zu achten. Man hat gesunde Hemmungen. Schreiben ist jedoch eine schöpferische Produktion, und angesichts des hohen Zweckes lohnt es sich hier wohl, ein Feierkleid zu tragen. Die Predigt verlangt eine ordentliche Sprache, die nicht nur Ausdruck, sondern dem Inhalt angemessen ist. Form und Inhalt sind in der Predigt also nicht zu trennen; zum rechten Inhalt gehört die rechte Form.

§ 5: Regeln für die Textbehandlung

1. Achten wir darauf, daß der Faden des Textes nicht abreißt, damit nichts Fremdes hineinragt! Wir sollen auf der ganzen Linie die Herrschaft des Textes gelten lassen, darum Achtung bei allem, was man hereintragen kann!
2. Es ist grundsätzlich zu raten, keinen Satz zu sagen, der nur applicatio oder explicatio ist. Man soll nicht den Exegeten spielen und auch nicht irgendwo vom Text abgeraten. Es soll nie über den Text referiert werden, sondern das gesagt werden, was dasteht. Solch stetes Scharfschießen erfordert Arbeit. Also keine explicatio ohne applicatio und umgekehrt!
3. Man darf den Text nicht meistern wollen. Dem wirklichen Exegeten wird die Bibel immer geheimnisvoller; er sieht überall Tiefen, Distanzen; er stößt immer mehr auf das Geheimnis, dem gegenüber die Theologie Arbeit am Meer mit Kaffeelöffeln ist. Der rechte Exeget kann dem Text gegenüber nur die Haltung eines erstaunten Kindes in einem wunderbaren Garten haben und nicht sein wie ein Advokat Gottes, der dessen sämtliche Akten eingesehen hat.
4. Auf der Kanzel soll kein Exeget stehen, der erwägt, ob ein Wort so oder so zu verstehen sei. Das ist notwendige Vorarbeit, die in die Studierstube gehört. Der Gemeinde soll das Ergebnis solch sorgfältiger Arbeit vorgetragen werden.
5. Wenn die explicatio applicatio ist, dann darf es nicht so zugehen, daß eine Gegenwartsbedeutung unbedingt behauptet werden muß. Eine Predigt kann oft aktueller sein, wenn sie scheinbar gar nicht aktuell ist. Wir haben also niemals die Gegenwartsbedeutung der Hl. Schrift ausdrücklich zu beteuern und zu behaupten. Sie ist als selbstverständlich vorauszusetzen.

§ 6: Das Problem der Sprache

Man pflegt manche Predigten »zu hoch«, d.h. zu abstrakt, zu theologisch zu nennen. Wir wollen nun nicht meinen, Theologie sei etwas sehr Hohes, und man müsse sich »zum armen Volk da unten« herablassen. Es gibt trotz aller Verderbnis noch das Bewußtsein, daß in der Predigt etwas Ernsthaftes passieren muß. Eitelkeiten sind da sicher zumeist Faulheiten. Es soll ernsthaft gepredigt werden – das fordert die ernste Sache und das ernste Leben.

Es ist natürlich, daß unsere Individualität und unser Ort zur Sprache kommen – aber wir wollen auch daran denken, daß wir als Diener zu reden haben. Wo wir nun unsere Kurven machen um die große Kurve des Textes, da kann das weder bei uns noch bei den Hörenden selbständiges Leben haben wollen. Daher Vorsicht bei Bildern und Parallelen, die nur gut sein können, wenn wir Zucht dabei halten. Das wird besonders gefährlich bei selbsterlebten Geschichten. Vorsicht gilt auch für Eingriffe in das Leben der Hörenden. Die Stille, die sich bei solchen Gelegenheiten einzustellen pflegt, ist eine belastete Situation. Hier gilt besonders, daß die Kanzel der Ort ist, wo der Mensch Order zu parieren hat.

E. Lange (1967):

IV. Thesen zur Aufgabe der Predigthilfe*

1. Predigt ist formal gesehen ein Auftrag zur Kommunikation. Sie ist Mitteilung an den Hörer, die auf sein Einverständnis und seine Einwilligung zielt. Sind Einverständnis und Einwilligung dabei als Akte persönlicher Entscheidung letztlich unverfügbar, so setzen sie doch allemal Verständigung voraus. Für das Gelingen solcher Verständigung sind die Kommunizierenden voll verantwortlich.
Verständlichkeit der Predigt ist daher unabdingbares Kriterium ihrer Auftragsgemäßheit. Das bestimmt die Vorbereitung der Predigt in allen ihren Phasen.
2. Inhaltlich gesehen ist Predigt bezeugende Interpretation der biblischen Überlieferung. Dem Hörer soll verständlich bezeugt werden, wie ihn das in der Bibel bezeugte Geschehen in seiner gegenwärtigen Situation angeht und trifft, zum Glauben befreit und zum Gehorsam ermutigt. Er selbst soll durch die Predigt davon

* Die nachstehenden Thesen stellen gleichsam das Redaktionsprogramm der »Predigtstudien« dar, die seit 1. Juli 1968 mit zwei Bänden im Jahr beim Kreuz Verlag erscheinen. Jedenfalls drücken sie den Konsensus des Kreises der Herausgeber aus, die im übrigen aus ganz verschiedenen theologischen Lagern stammen. Bei der homiletischen Arbeitstagung in Esslingen, September 1967, wurde der Inhalt dieser Thesen von Ernst Lange ausführlich erläutert und dann in mehreren Gesprächsgängen diskutiert.

Zeuge werden, wie Jesus Christus gegenwärtig »Herr der Situation« ist, d.h. wie der Glaube an Christus des Hörers Situation erhellt, klärt, verändert und mit Verheißung erfüllt. Wo es gelingt, die biblische Überlieferung mit der gegenwärtigen Situation des Hörers zu »ver-sprechen«, ist dem Predigtauftrag Genüge getan. Predigt gleicht also einem Lichtbogen zwischen zwei Polen: Tradition und Situation, Geschichte und Gegenwart, Botschaft und Bezeugung sind Korrelate und gehören untrennbar zusammen. Der Prediger steht vor der Aufgabe, eine verständliche Aussage darüber zu machen, wie »Christus jetzt und hier für den jeweiligen Hörer Herr der Situation« ist.

3. Der Hörer in seiner Situation ist der Zielpunkt des Weges, den der Prediger zu gehen hat. Es genügt nicht, biblische Texte zu interpretieren und dann mehr oder weniger unkontrolliert und ungezielt zu applizieren. Der heutige Hörer steckt ebensowenig im Text wie seine gegenwärtige Situation. Die Frage nach dem Hörer und seiner Situation hat daher selbständigen Rang neben und in der Regel (zeitlich, wenn auch nicht theologisch) sogar vor der Frage nach der Überlieferung (zum Beispiel bei der Kasualrede).
Die Betonung der »Was-Frage« darf nicht länger die spezifisch homiletischen Fragen desavouieren: Wem ist jetzt und hier zu predigen? Durch welche Situation sieht sich die Kirche jetzt und hier zur Predigt herausgefordert? Wozu soll in dieser Situation gepredigt werden? Wie kann in dieser Situation dem besonderen Hörer verständlich gepredigt werden? Erst diese homiletischen Fragen konkretisieren die »Was-Frage«.
Predigtvorbereitung ist der methodische Versuch, zu einer verständlichen Aussage darüber zu kommen, wie die gegenwärtige Situation die Rückfrage nach der Überlieferung auslöst, wie umgekehrt die Überlieferung diese gegenwärtige Situation erhellt, klärt und verheißungsvoll macht, wie also Tradition und Situation sich »versprechen«.

4. Predigthilfe ist demnach mehr als Hilfe zur Textauslegung und meditativen Aneignung eines biblischen Textes. Sie ist immer zugleich Einweisung in die »homiletische Situation«. Gemeint ist damit diejenige Situation, durch die die predigende Kirche sich jetzt und hier zur Verkündigung herausgefordert sieht.
Die konkrete »homiletische Situation« ist dabei generell nur in Umrissen beschreibbar. Ihre genaueren Konturen sind nur »vor Ort« erkennbar. Da letztlich jeder Hörer in einer spezifischen, nur ihm selbst bekannten und erhellbaren Lage ist, bleibt der Prediger auf die Kommunikation mit dem Hörer angewiesen. Gemeindeglieder, die die Wirklichkeit aus verschiedenen Perspektiven kennen, müssen die Rede der Kirche mitverantworten, wenn die Predigt nicht beziehungslos und belanglos werden soll. Predigt und Predigtvorbereitung tragen daher prinzipiell dialogische Struktur. Sie sind ein aus dem Dialog erwachsendes und den Dialog wiederum eröffnendes Geschehen. Besondere Arbeitsformen gemeinsamer Predigtvorbereitung, Predigtbesprechung und Predigtkritik in der Gemeinde nötigen sich von daher auf.

5. Die Frage nach dem Hörer oder Hörerkreis, die »homiletische Großwetterlage« mit ihren allgemeinen Bedingungen des Lebens in den sozialen Beziehungsfeldern (Politik, Wirtschaft, Arbeit, Kirche, kulturelles Leben, öffentliche Meinung

usw.), die örtliche Situation, der besondere Anlaß der Predigt, der Kasus – das alles bedingt und bestimmt die speziellen Formen der Kommunikation. Es zeigt sich daran zugleich die spezielle Schwierigkeit jeder Predigthilfe von außen. Denn letztlich sind solche Fragen präzis nur vom einzelnen Prediger zu beantworten. Predigthilfe kann darum nicht mehr sein als Vermittlung der Impulse, des Materials und der Methoden zur Beantwortung der Frage nach sachgerechter und situationsgemäßer Auslegung. Sie ist Hilfe zur Selbsthilfe.

6. Beim mehrfachen Abschreiten des Verstehenszirkels zwischen Tradition und Situation kommt es zu »homiletischen Einfällen«, von denen schließlich einer als in der Spannung zwischen Text und Situation begründet und darum mehr oder weniger zwingend übrigbleibt. Der Einfall ist kein Offenbarungsereignis, sondern ein Durchbruch im Verstehen und zur Möglichkeit des Verständlichmachens. Er ergibt sich nicht direkt aus dem Text, etwa als sein Skopus, sondern aus dem spannungsreichen Aufeinandertreffen von Textverständnis und Situationsverständnis. Ihm folgend wird der Prediger auf jeden Fall nicht den Text nachsprechen, sondern sein eigenes »neues Wort« sagen.

Eben darum bedarf der »Einfall« und der aus ihm folgende homiletische Entwurf der theologischen Kontrolle, und zwar der exegetischen und systematischen, aber auch der soziologisch-ideologiekritischen, psychologischen und sprachlichen Kontrolle.

7. Predigthilfe als Hilfe zur Selbsthilfe wird mithin bereitzustellen haben:

a) Hilfen zum Verstehen der Überlieferung und der homiletischen Situation;

b) Material und Methoden zur Kontrolle des Einfalls und des homiletischen Entwurfs.

K. Marti (1968):

Zunächst versucht der Prediger, den von ihm frei gewählten oder ihm vorgeschriebenen Bibeltext samt Kontext historisch zu verstehen. Mit Hilfe von Wörterbüchern, Lexika, Kommentaren und anderer Fachliteratur analysiert er den Text historisch, semantisch, theologiegeschichtlich. Diese Arbeit ist unerläßlich, weil das Wort Gottes nie zeitlos-abstrakt, sondern immer geschichtlich-konkret ergeht. So hat es sich in Person und Botschaft Jesu Christi in einem behaftbaren, geschichtlichen Hier und Jetzt, So-und-nicht-anders exponiert. Deshalb ist Gott für den christlichen Glauben kein unartikuliertes Sein, sondern in Jesus Christus artikulierte Existenz. Das bedeutet: Nicht einzelne Bibeltexte, sondern Jesus Christus selbst ist Gottes artikuliertes Wort, das die Bibeltexte bezeugen. Somit hat der Prediger, der einen Bibeltext historisch und semantisch verstanden hat, das

Wort Gottes noch nicht gehört. Bestenfalls hat er gehört, was als Gottes Wort an alttestamentliche Israeliten oder an neutestamentliche Juden und Nichtjuden in ihrem damaligen Hier und Jetzt erging. Geht der Prediger zunächst mit seinem Bibeltext als einem Stück kodifizierter Historie um, so tut er es als Erwartender, als Ungeduldiger und Gespannter, der sich unablässig fragt: Und jetzt? Und ich? Und wir? Der Prediger hat sich ja nur deshalb entschlossen, Prediger zu sein, weil er dem von der Bibel bezeugten Wort Gottes zutraut, daß es neue Geschichte, neue Zukunft stiften wird. Doch was für Geschichte? Was für Zukunft? Das ist die Frage, auf die der Prediger durch das Medium seines Bibeltextes Gottes Antwort für ihn, für uns, für heute zu hören versucht. Sicher ist vorerst nur eines, nämlich daß Gott sein Wort in Jesus Christus verbindlich artikuliert hat und sich bei dieser geschichtlich-verbindlichen Artikulation behaften läßt. Gott bleibt, mit anderen Worten, sich und uns treu, sein Ja bleibt Ja, sein Nein Nein. Das Ostergeschehen bezeugt vollends, daß Gott in seinem einmal artikulierten Wort, an Person und Botschaft Jesu Christi, festhält und daß er dieses Wort weder in die Vergangenheit versinken noch von irgendeiner Zukunft überholen lassen will: »Jesus Christus ist gestern und heute derselbe und in Ewigkeit« (Hebräer 13,8). Deshalb kann die Predigt vom gegebenen Bibeltext nicht abstrahieren, ebensowenig aber kann sie sich darauf beschränken, diesen Bibeltext historisch-semantisch zu erklären. Vielmehr wird der Bibeltext dem Prediger Medium seines eigenen Fragens nach Gottes heutiger Weisung und so dann auch Medium seines eigenen Hörens auf Gottes Wort. Weil der Prediger an Gottes Verläßlichkeit und also daran glaubt, daß Gott seinem in Jesus Christus artikulierten Wort treu bleibt, es nicht plötzlich dementieren oder desavouieren wird, ist ihm das biblische Zeugnis vom Wort Gottes das tauglichste und aussichtsreichste Medium, durch das ihm Gottes Wort in der Gegenwart vernehmbar wird. Darum meditiert er, in der zweiten Phase seiner Vorbereitung, den Bibeltext, der sein Predigttext ist.

Unter der Meditation verstehe ich folgende Vorgänge: den Text betend überdenken, ihn erwägen, sich in ihn eindenken, ihn mit sich tragen in den Begegnungen, Erlebnissen, Problemen jeden Tages. Der Text bedrängt in dieser Phase den Prediger, dessen Gewohnheiten und Vorurteile. Und umgekehrt bedrängt der Prediger den Text mit seinen Fragen, Erfahrungen, Zweifeln. Man kann auch sagen: Der Text wirbt um den Prediger, der Prediger wirbt um den Text. Oft gleicht diese gegenseitige Werbung freilich eher einem Kampf.

Wenn ich sage: Meditation heißt den Text betend überdenken, erwägen, mit sich tragen, so verstehe ich unter Beten nicht nur einzelne spirituelle Akte, sondern eine spirituelle Haltung, die als eine Art besonderer Aufmerksamkeit umschrieben werden könnte. »L'attention sans mélange est prière« (Simone Weil: La pesanteur et la grâce, 1948, S. 137). Der Prediger, der im Medium eines Bibeltextes Gottes aktuelles Wort zu hören sich bereit hält, begegnet sich selber, begegnet auch seiner Mitwelt mit geschärfter Aufmerksamkeit, mit vertiefter Zuwendung. Gottes Wort fällt nicht vom Himmel herunter, es ergeht heute wie ehedem geschichtlich-konkret, ist Geschichtswort, Sachwort, Tatwort, Menschenwort, Weltwort. So konnte der jüdische Dichter Ludwig Strauss – meines Erachtens mit Recht – sagen: »Jeder ist Gottes Bote an den andern.« Strauss schrieb zum Beispiel von einem atheistischen Freund: »Gott hat dich zu mir gesandt, mich vor den Gefahren des Glaubens zu warnen« (Ludwig Strauss: Wintersaat, 1953, S. 96 und 99). Der Bibeltext löst beim Prediger erneute Bereitschaft aus, auf Gottes Anrede durch konkrete Mitmenschen oder Geschehnisse aufmerksam zu werden, sich zur Welt hin zu öffnen. Das eine betende Haltung zu nennen widerspricht vielleicht reformierter Tradition, die unter Gebet bestimmte spirituelle Akte und Äußerungsformen versteht. Wir geraten hier möglicherweise in die Nähe der Mystik, nur ist, was ich zu umschreiben versuche, weniger eine Haltung der Selbstversenkung als vielmehr eine solche der Öffnung unseres Selbst zur Welt, nach außen hin. Es gilt, aufmerksam zu werden, auf dem »qui-vive« zu sein für Gottes heutige Selbstbezeugung, die das in Jesus Christus artikulierte Wort neu in Kraft setzt, neu zur verändernden Kraft macht.

Dem Vergleich von Predigt- und Gedichtentstehung möchte ich den Versuch einer Nutzanwendung folgen lassen.
Der Lyriker versucht sein eigenes Wort, der Prediger versucht Gottes Wort zu artikulieren. Der Lyriker, seine Subjektivität artikulierend, versucht die eigene Identität zu finden. Der Prediger glaubt wie jeder Christ die eigene Identität nur »in Christus« finden zu können. Sein Weg ist der der Selbstverleugnung. Es würde zu weit führen, hier zu untersuchen, worin solche Selbstverleugnung zu bestehen hat. Sicher bedeutet sie für den Prediger nicht: die eigene Subjektivität verleugnen und nur noch als Rollenträger und Rollensprecher agieren.
Wohl hat der Prediger nicht seine Subjektivität, sondern Gottes Wort, das Jesus Christus heißt, zu verkünden. Doch ergeht gerade dieses Wort nicht göttlich-rollenhaft, es bricht sich in der menschlichen Subjektivität Jesu von Nazareth und gewinnt erst in dieser Brechung Leuchtkraft. Genau dasselbe gilt vom Zeugnis der biblischen Zeugen insgesamt. Zur »Knechtsgestalt« des Wortes Gottes gehört die Subjektivität dieses Wortes (= Jesus Christus) selber wie auch die keineswegs verleugnete Subjektivität seiner Zeugen. Erst die Vorstellung von einem von der Kirche »verwalteten« Wort Gottes leistete dem Mißverständnis Vorschub, als sei dieses Wort in dem Sinne objektiv, daß es nur rezitiert, jedoch nicht bezeugt zu werden braucht. Zeuge sein heißt: mit der Subjektivität, die jedem gegeben, das Wort Gottes verkünden. In der Mitteilung des Zeugen teilt dieser nicht primär, wohl aber sekundär sich selber mit. Tut er das nicht, so wird aus dem Zeugen ein bloßer Rollensprecher. Dementsprechend werden auch seine Predigten unpersönlich, farblos und langweilig sein. Die Erfahrung des Lyrikers, daß Erlebnis und Mitteilung immer nur als subjektive »echt« sein können, ist auch für den Prediger von Bedeutung, der als Zeuge spricht, nicht als Wissenschaftler, der operational eine Terminologie der Objektivität verwendet. Der Prediger als Zeuge wird sich selbst (seine Subjektivität) nicht weniger dezidiert in sein Zeugnis einsetzen, als dies der Lyriker im Gedicht tut.
Damit ist nicht für eine Predigtweise plädiert, die die Erlebnisse des Predigers in den Vordergrund rückt. Vielmehr geht es hier um eine Frage des Predigtstils. Was Friedrich Heer vom Beten schrieb, gilt auch von der Predigt: »Und nie ruhig werden, bevor man nicht den zur eigenen Person passenden Gebetsstil gefunden

hat . . .« (Sprung über den Schatten, 1959, S. 68). Da auch die Person des Predigers nie definitiv ausgeprägt, sondern als hoffentlich lebendige im Wandel begriffen ist, wird die Suche nach dem eigenen Predigtstil nie zu Ende sein können. Der Prediger, der weiß, daß er selber »unterwegs« ist (vgl. Philipper 3,13), wird keineswegs alle seine Aussagen absolut setzen können. Er weiß um die geschichtliche und subjektive Bedingtheit dieser Aussagen. Darum dürfte er sie nicht der Befragung und Diskussion zum vornherein dadurch entziehen, daß er seine Sätze in autoritative Formen kleidet wie zum Beispiel: »das Evangelium«, »die Kirche«, »die Bibel«, oder gar tautologisch: »das Wort Gottes« sagt so und so. Er hat sich auch vor »Wir«- und »Man«-Sätzen zu hüten (»wir« glauben, wie »man« weiß), die durch Vorspiegelung eines (etwa christlichen) Consensus jedes weitere Gespräch als überflüssig erscheinen lassen. Will der Prediger den Dialog mit der Gemeinde, so muß er geradezu und mehr, als dies heute noch geschieht, Subjektivitätsklauseln anbringen und sagen können: »So, wie ich es verstehe«, »nach meiner Meinung . . .« usw. Damit verzichtet er darauf, absolute Richtigkeiten zu dekretieren, er bringt vielmehr seine Interpretation als zunächst subjektive Äußerung ins Spiel und zeigt sich so einem Dialog und besserer Belehrung zugänglich. Den Begriff »Subjektivitätsklausel« verdanke ich Dorothee Sölle, die in einer mündlich vorgetragenen Interpretation der Lyrik von Johannes Bobrowski deutlich machte, wie bei Bobrowski die »christlichen« Aussagen je und je durch solche Subjektivitätsklauseln gekennzeichnet sind.

Ich meine damit nicht, daß alle Predigtsätze nur noch als subjektive Meinungen formuliert werden sollten. Ich meine aber, daß eine Predigt, die immer nur (pseudo-)objektive Richtigkeiten dekretiert, unglaubwürdig wird. Es ist ja schlechterdings unmöglich, jeden Sonntag nur in einem thetisch-autoritativen Offenbarungsstil zu reden. Damit stilisiert sich der Prediger zu etwas, was er nicht sein kann, jedenfalls nicht jeden Sonntagmorgen: zu einem Propheten. Je mehr der Prediger seine Ansicht, sein Verständnis als seine subjektive Ansicht, als sein subjektives Verständnis redlich zu erkennen gibt, damit also seine Aussagen zur Diskussion stellt, desto glaubwürdiger wird er in den (vielleicht nur wenigen) Sätzen, wo er tatsächlich prophetisch reden muß, wo er tatsächlich ein Wort als undiskutables Wort Gottes aktuell formuliert: »So und nicht anders spricht jetzt der Herr!« – »Das und nichts anderes will Er jetzt von uns!« Auch hier also: weniger (solche Sätze) wäre mehr.

Sobald der Prediger unterscheiden lernt zwischen Aussagen, die einer Subjektivitätsklausel bedürfen, und Aussagen, in denen das prophetisch-autoritative »So spricht der Herr« unumgänglich ist, gewinnt er eine größere Freiheit im Vortrag subjektiver Meinungen. Eine auf den Dialog mit der Gemeinde hin konzipierte Predigtweise wird die Äußerung subjektiver Meinungen nicht scheuen. Bedingung ist nur, daß die subjektive Meinung als solche bezeichnet und formuliert wird! Ich halte es zum Beispiel für falsch, wenn etwa gesagt wird, ein Pfarrer dürfe seine politische Meinung nicht auf die Kanzel bringen. Es sollte doch anzunehmen sein, daß sich der Pfarrer seine politische Meinung als Christ zu bilden versucht, in der Verantwortung vor Gottes Wort, das Jesus Christus heißt. Warum soll er nicht bekanntgeben, wie er als Christ seinen Glauben in politischen Stellungnahmen und Entscheiden zu realisieren versucht? Seine Hörer sind ja ebenfalls Christen und müssen sich als solche politisch betätigen und entscheiden! Politische Meinungs- und Willensbildung in christlicher Verantwortung ist zu allerletzt eine so einfache oder so selbstverständliche Sache, daß sie jedem Christen ruhig als Privatsache anheimgestellt werden könnte. Darüber muß gesprochen werden. Und dieses Gespräch darf durchaus durch den Pfarrer begonnen und immer neu genährt werden, vom Wort Gottes her, wenn auch subjektiv ungeschützt, aber gerade so zum Gespräch aufrufend, ermunternd, hie und da auch zu ihm provozierend.

Nur eine Predigt, die ungeschützt offen ist (sowohl formal wie im Sinne subjektiver Aufrichtigkeit sich selber und dem Hörer gegenüber), vermag andere für jenen Dialog zu öffnen, in dessen Verlauf Gottes Wort, d.h. Christus, das Bewußtsein, das Verhalten, schließlich auch das Unbewußte eines Menschen zugleich aktiviert und befriedet, so daß aus Hörern Täter des Wortes (Jakobus 1,22) werden, die als aktive Zeugen des Schalom (= Friede, Heil, Recht, Wohlstand) Gottes mithelfen, die Gesellschaft zu verändern.

So kann der Prediger vom Lyriker lernen, daß sein Wort erst dann glaubhaft und wirksam werden wird, wenn in ihm die lebendige Subjektivität des Zeugen mitenthalten ist.

R. Bohren (1971):

Dem eigenmächtigen Reflektieren folgen die Laster, die nicht als mangelnde Begabung, sondern als Fehlverhalten zu verstehen sind. Dieses Fehlverhalten ist bedingt einerseits durch die soziale Stellung des Predigers, andrerseits durch ungenügende Meditation.

§ 23
Lasterkatalog für Prediger

Heinz Zahrnt, Die faule Predigt, in: Kritik an der Kirche, hg. v. Hans Jürgen Schultz, 1958, 175ff. – Rudolf Bohren, Anmerkung zur seelsorgerlichen Predigt, in: Mission und Gemeinde, ThEx 102, 1962, 14ff. – Ders., Die Gesetzlichkeit in der Predigt, in: Laienfrage und Predigt, 1966, 33ff. – Dolf Sternberger/Gerhard Storz/W. E. Süskind, Aus dem Wörterbuch des Unmenschen, dtv 48, 1962. – Anselm Gunthör, Entstellungen des Predigtinhalts, in: Die Predigt, 1963, 133ff. – Kurt Tucholsky, Ratschläge für einen schlechten Redner. Tucholsky-Lesebuch, 1963, 83ff. – Kurt Marti, Ganz- und Garküche, Reformatio 13, 1964, 502ff. – Manfred Josuttis, Gesetzlichkeit in der Predigt der Gegenwart, 1966. – Ders., Homiletik und Rhetorik, PTh 57, 1968, 511ff. – Walther Killy, Deutscher Kitsch, 1966^{5}. – Lothar

Schmidt, Kirchensprache der Gegenwart, ZThK 63, 1966, 88ff, 200ff. – Martin Sunnus, der Prediger als Predigthörer, PTh 56, 1967, 113ff.

Die Laster der Prediger belasten und belästigen mehr die Hörer als die Prediger. Fast das Lästigste an den Lastern ist, daß der Prediger sie nicht merkt. Gerade die heimlichen Laster sind unheimlich und verhindern das Glück des Mannes, das der erste Psalm besingt und – wenn auch nur fragmentarisch – zur Vorbildlichkeit führt.

Ein Lasterkatalog verfolgt den moralischen Zweck, den Prediger und damit den Hörer von der Belästigung durch Predigt-Laster zu befreien. Ein Lasterkatalog plädiert also für die Freiheit vom Lästigen; Lasterkataloge sind überhaupt Manifeste der Freiheit.

I
Moralpredigt über sieben sozusagen angeborene Laster der Prediger

Die Zahl Sieben bezeichnet in der Zahlensymbolik Ganzheit und Vollkommenheit, meint hier aber nicht das Universum aller möglichen und unmöglichen Laster, sondern viel eher eine bescheidene Auswahl. Der Katalog wäre also erweiterungsfähig. Ich beschränke mich in diesem Sermon auf »sozusagen angeborene Laster der Prediger«, auf Laster, die der Prediger möglicherweise mit seinem Beruf und Stand übernimmt. Ich könnte sie auch als Untugenden des Berufs bezeichnen, und damit habe ich beinahe schon eine Definition.

Weil hierzulande die Prediger Beamte sind, mag es erlaubt sein, den Katalog mit Beamtenlastern zu eröffnen. Predigt ein Pfarrer, so redet, merkwürdig genug, ein Beamter. Möglicherweise könnte dies eine Ursache vieler seiner Laster sein, daß er selber diesem Umstand nicht genügend Rechnung trägt.

1. Beamte sind in der Regel korrekte Menschen, und vielleicht ist Korrektheit das eingefleischteste Laster der Prediger. Ich hege den Verdacht, daß der Korrektheit eine ungezählte Zahl von Seelen geopfert werden, und ich erhebe Protest gegen eine Menschen opfernde Korrektheit. – Sie ist nicht zu verwechseln mit Selbstzucht: Korrektheit läßt das Selbst verkümmern, während Selbstzucht es in der Überwindung findet. Der Gegensatz zu Korrektheit heißt darum auch nicht Schlampigkeit, sondern Freiheit. Korrekte Predigten sind unfrei und ohne befreiende Kraft. Korrektheit riecht immer ein wenig nach Gefängnis und Gefangenschaft. Die letztere kann vielfältig sein. So gibt es Gefangenschaft in Exegese, in Dogmatik, in dem, was die Leute sagen. Gefangenschaft in sich selber, in der Befangenheit des Beamten. Artikuliert sich solche Gefangenschaft auf der Kanzel, weht Gefängnisluft in die Gemeinde. In solcher Gefängnisluft erstickt das Evangelium. Dann hören die Menschen vielleicht eine Predigt über das Evangelium, das Evangelium selbst bleibt stumm. Dies nenne ich die Menschen opfernde Korrektheit: dem Prediger ist es wichtiger, richtig zu predigen, als daß Menschen zur Freiheit kommen und über dem Evangelium froh werden. Seine Richtigkeit kommt vor der Rettung der andern. – Will man solch predigende Korrektheit theologisch erklären, wird man sie als »Dienst des Buchstabens« verstehen, der damit beginnt, daß der Prediger sich von Regeln beherrschen läßt, statt daß er sie beherrscht. Im Endeffekt macht er aus dem Evangelium Gesetz und aus dem Gesetz Gesetzlich-

keit, wie dies überhaupt die Perfidie der hier zu benennenden Laster darstellt, daß das Evangelium nicht laut und das Gesetz nicht deutlich wird.

2. Ein korrekter Beamter hält sich an die Weisungen von oben. Taucht ein neues Problem auf, für das er keine Weisung hat, muß er erst oben anfragen. Selber zu entscheiden fällt ihm schwer, und in Büroräumen scheint die Pflanze Mut nur selten zu gedeihen. Auch Pfarrhäuser erscheinen hierzulande keineswegs als Treibhäuser der Tapferkeit. So ist neben der Korrektheit die Mutlosigkeit ein weitverbreitetes Laster predigender Beamter. – Nun wäre es allzu billig, wollte man die Mutlosigkeit einfach dem Beamtenstatus anlasten. Im Zeitalter der Angst machen Angst und Ängstlichkeit nicht nur auf Kanzeln sprachlos. Trotzdem fällt auf, wie Leute bei Presse, Funk und Fernsehen heute oft mehr wagen im Aussprechen der Wahrheit als beamtete Prediger. Mutlose Predigten exponieren ihren Sprecher nicht, greifen nicht in Geschehnisse ein. So bleiben sie harmlos, und harmlose Predigten sind überflüssig; wie alles Überflüssige werden sie als Belästigung lästig empfunden. Mutlose Predigten sind lasterhaft.
»Der Wohlgemute hat allezeit Fest«, heißt es in den Sprüchen Salomos (15,15). Im Blick auf den Prediger kann man variieren: »Der Kleinmütige hat niemals Fest.« Dem ängstlichen Prediger wird sein Predigen darum kaum zur Freude, weil er seine Angst nicht zu überwinden vermag. Beginnen Prediger wieder mehr zu wagen, wird auch die Freude wachsen. – Noch fehlen psychologische und linguistische Untersuchungen an Predigten, die zeigen, wie sehr die Mutlosigkeit unser Predigen prägt. Der Mutlose vermag nie zu sagen, was Gott jetzt und hier tut, weil er – um mit Ernst Fuchs zu reden – Gott nicht wagt. Weil er Gott nicht wagt, fehlt ihm die Tapferkeit zum Evangelium und die Courage zum Gebot; die Mutlosigkeit der Prediger verdeckt den Namen Jesu Christi.
3. Man spricht von einem trockenen Beamten und meint damit nicht einen Menschen mit trockenem Humor, sondern einen, der außer seiner Korrektheit nicht viel aufzuweisen hat und darum sozusagen seine Korrektheit verewigt. Andauernde Korrektheit heißt auch in der Predigt »Langeweile«. – Spricht ein Mensch nicht selbst, hat der Prediger sein Ich verdrängt, setzen sich die zehn oder zwanzig Minuten seiner predigenden Korrektheit in Langeweile um.
Kein Mensch aber ist zur Langeweile erschaffen, und Gottes Geschöpf ist nie langweilig, darum muß eigentlich kein Prediger langweilig reden. Darum gibt es auch keine Notwendigkeit, Langeweile zu dulden. Wenn es eine Intoleranz gibt, die christlich ist, dann die gegen die Langeweile – Vielleicht darf man dem Prediger empfehlen, bei sich selbst mit solcher Intoleranz zu beginnen, indem er nichts mehr sagt, was ihn selbst langweilt, und immer wieder fragt, ob das, was er sagt, notwendig sei. Weitschweifigkeit ist meist nicht notwendig. Vielleicht bilden schon die Adjektive einen Ansatz zur Weitschweifigkeit. »Streichen Sie die Adjektive«, rät Gottfried Benn dem Lyriker, und der Prediger mag von diesem Rat profitieren.
Auch Leere kann langweilen. Leere meint: Ich habe nichts zu sagen und muß doch reden. Obwohl kein Prediger zur Langeweile erschaffen ist, bleibt sein Weissagen Stückwerk. In diesem Stückwerk wiederhole ich mich. Weil ich nicht in universaler Fülle predigen kann, sondern nur am Stück, darum führt meine Beschränktheit

zur Langeweile. Beschränktes meint eigentlich etwas Kurzes. Weil ich aber meine Beschränktheit allsonntäglich wiederholen muß und sie auf die gewohnte Zeit verlängere, verführt sie mich zur Langeweile. Langeweile ist ausgedehnte Beschränktheit. Fast möchte ich der These »kein Prediger ist zur Langeweile erschaffen« die Gegenthese gegenüberstellen: »Jeder Prediger ist als endlicher Mensch – als beschränktes Wesen also – ein geborener Langweiler, sobald er gezwungen ist, lange zu reden.« Sehe ich den Wahrheitsgehalt dieser Gegenthese ein, kann ich vielleicht etwas gegen meine Langweiligkeit tun. Nur der Dumme übersieht seine Beschränktheit. Wer jedoch an der Ameise weise wird, macht das Beste aus seiner Beschränktheit. Das Beste aus seiner Beschränktheit machen, nennen wir Fleiß. Der Fleiß des beschränkten Predigers besteht darin, am richtigen Ort das Richtige für seine Predigt zu stehlen. Man könnte darauf hinweisen, daß große Prediger in dieser Hinsicht große Diebe waren (vgl. § 11/III). Bei diesen Einbrechern wurde es den Hörern offenbar nie langweilig. – Angesichts des vorbildlichen Fleißes diebischer Prediger könnte man weiter gehen zum vierten Punkt des Katalogs. Vorher aber noch ein Nachwort zur Langeweile, ein Hinweis auf ein Paradox: Weil Geduld als christliche Tugend gilt, übt sich die Predigt hörende Gemeinde im Ertragen der Langeweile. Sie hat es darin erstaunlich weit gebracht. So fördert die Tugend der Geduld das Laster der Langeweile.

4. Es gehört hierzulande zu den unschätzbaren Vorzügen des Beamtendaseins, daß das Einkommen, wenn auch vielleicht bescheiden, regelmäßig eintrifft – wiederum dank korrekter Beamter. Ob ich eine leere oder eine volle Kirche habe, hat auf mein monatliches Einkommen keinen direkten Einfluß. Darum mag denn die Neigung zur Bequemlichkeit ein Beamtenlaster darstellen, das nicht nur in korrupten Staaten und ihren Kanzleien grassiert, sondern auch in pfarrhäuslichen Studierstuben und auf Kirchenkanzeln. Man könnte dieses Laster auch Faulheit nennen.

Die Faulheit des Predigers tarnt sich heute gern mit Überbeschäftigung, die sich nicht Zeit nimmt zur Meditation und Vorbereitung der Predigt. Es soll Prediger geben, deren Faulheit es sich nicht einmal leistet, einen freien Tag zu machen, um die Freuden des Sabbats zu genießen. Diese Faulheit scheut die Muße: denn sie könnte zum Nachdenken führen, und Denken ist unbequem. So erscheint denn die Hast und Unrast der Prediger als landläufigste Form ihrer Faulheit. Schon Israels Weisheit wußte: »Der Faule ist voller Gier und hat doch nichts« (Spr 13,4). – So bleiben die Reichtümer der predigenden Kirche ungenutzt. Vielleicht kennt sie der Prediger, er nutzt sie aber nicht. Das Schatzhaus der Theologie bleibt ungeplündert. Ein solcher Prediger gleicht dem Einbrecher, der durch nächtliche Villen stolpert und in fremden Schubladen wühlt, aber nichts fortträgt.

»Der Träge steckt seine Hand in die Schüssel: doch ist er zu faul, sie zum Munde zu führen« (Spr 26,15). Und es gilt: »Dem Mistklumpen gleicht der Faule: jeder der ihn aufhebt, schüttelt die Hand« (Sir 22,2).

5. Wer sich nicht Zeit nimmt für das Wort, wird wortreich. Auch Ängstlichkeit kann viele Worte machen, nur um das Eine nicht sagen zu müssen. Die Geschwätzigkeit zeigt sich als Kind der Faulheit und Mutlosigkeit. Zu diesem Laster möchte ich hier nicht mehr sagen, sonst bin ich ihm selbst schon verfallen. Nur ein guter

Rat aus Tucholskys »Ratschlägen für einen guten Redner« sei vermerkt: »Merk Otto Brahms Spruch: Wat jestrichen is, kann nich durchfalln« (85).
Der Pfarrer ist nicht nur Beamter, sondern – und dies scheint vor allem im Blick auf sein persönliches Renomee wichtig – auch Unternehmer oder Manager in der Bewußtseinsindustrie. Nur scheint diese Komponente das Erscheinungsbild des Predigers weniger stark zu prägen als die des Beamten. Immerhin wäre es möglich, daß sich auch an den Status des Unternehmers oder Managers besondere Laster anhängen, die möglicherweise – mit Ausnahmen – eher als Laster der Stärke zu deklarieren sind, während die vorher notierten eher auf das Konto der Schwäche gehen. Ich kann mich kurz fassen.
6. Die Selbstgefälligkeit. Wir wollen Selbstbewußtsein nicht mit Selbstgefälligkeit verwechseln. Echte Demut verdrängt das Selbstbewußtsein nicht, stellt es aber unter die Gnade. Die Freude am Gelingen wird dann Dankbarkeit zur Folge haben und nicht Stolz. Dem Prediger, der sich rechtschaffen Mühe gegeben hat, soll die Freude an seinem Werk nicht vergällt werden.
Selbstgefälligkeit aber verdrängt die Freude an Gott, in dem das Werk gelingt, durch die Freude an sich selbst. Doxologie wird durch Kauchesis, Gotteslob durch Eigenlob ersetzt. Haßt nach den Sprüchen die Furcht des Herrn den Hochmut (8,13), vergißt die Selbstgefälligkeit im Gefallen an sich selbst die Gottesfurcht. Sie ist – darin der Feigheit ähnlich – eine bestimmte Form der Gottesvergessenheit. Wie die Feigheit prägt auch die Selbstgefälligkeit in besonderer Weise die Sprache. Noch fehlen auch hier psychologische und linguistische Untersuchungen.
7. Zum Schluß sei ein Laster genannt, das dem Beamten wie dem Unternehmer in gleicher Weise anhaften kann, die Sucht, den Menschen gefallen zu wollen, die Gefallsucht. Sie verkauft den Prediger an die Hörer und versucht, die Hörer für sich zu gewinnen. In ihr vermag sich gleicherweise Selbstgefälligkeit wie Feigheit zu potenzieren; indem die Gefallsucht von Christus spricht, verrät sie ihn. Macht in der Selbstgefälligkeit der Prediger sich selbst zu seinem Gott, werden jetzt die Hörer zum Gott des Predigers. – Darum erkennt ein Prediger wie Paulus die Unmöglichkeit, den Menschen gefallen zu wollen: »Wenn ich noch Menschen gefällig sein wollte, wäre ich nicht Christi Knecht« (Gal 1,10). Durchaus selbstbewußt testiert er sich selbst: »So reden wir nicht um Menschen zu gefallen, sondern Gott, der unsre Herzen prüft« (1Thess 2,4). Wer in dieser Richtung des Paulus redet, »nicht um Menschen zu gefallen, sondern Gott«, dem ordnen sich von dieser Richtung her die Worte. – Andererseits wirkt auch die Sucht, Menschen zu gefallen, prägend auf den Stil der Predigt. Wenn die Kasualpraxis zeigt, daß die Kirche hier den Menschen gefällig ist, bevor der Prediger nur den Mund auftut, zeigen die Kasualreden, wie sehr hier die Sucht, Menschen zu gefallen, ihre Orgien feiert. Ähnliches ließe sich besonders an der Weihnachtspredigt aufzeigen.

Arens v.a. (1974):

4. Zwei Interviews

Wir haben zwei Prediger interviewt mit der Frage: »Worauf achten Sie, wenn Sie Ihre Predigt vorbereiten?« Die beiden Antworten sind spontan, subjektiv, legitim einseitig und darum lesenswert für jeden, der die heimliche Frage hat: Wie machen es andere?

Antwort eins:

1. Ich frage mich: Was ist im Text interessant für mich? Spiegelt sich darin eine Erfahrung (positiv oder negativ) wider, eine Sichtweise auf das Leben und seine Abläufe, seine erfreulichen oder weniger erfreulichen Seiten, ein Problem oder eine Frage, die von allgemeinem Interesse ist?
   Ich suche also etwas, von dem ich glaube, daß es anspricht. Ich frage mich auch, ob ich damit die Schrift auslege oder die Perikope nur als Aufhänger benutze. Letzteres zu tun bin ich allerdings manchmal bereit.
2. Ich suche Material, das das gestellte »Thema« (das, was ich gern sagen möchte) beleuchtet, ergänzt, erklärt, eingrenzt, veranschaulicht. Dabei frage ich mich: Interessiert das den Hörer? Werden sie gerne zuhören?
3. Ich formuliere das Ziel nicht immer in einem Zielsatz. Manchmal weiß ich, was ich will. Das Ziel zu formulieren, dazu muß ich mich zwingen, weil ich gewöhnlich froh bin, gefunden zu haben, was ich sagen will, so daß ich sofort weitergehe. Die Zielformulierung aber hat sich bisher immer gelohnt. Der nötige Zeitaufwand hat nie geschadet!
4. Ich frage mich beim groben Aufriß und bei den einzelnen Teilen der Predigt: Welche Funktion hat dieser Abschnitt, dieser Satz und dieses Bild im Gesamt der Predigt? Ist die Gedankenführung klar, logisch und psychologisch gut? Das ist mir sehr wichtig!
5. Beim Predigen selbst stelle ich manchmal fest, daß im Gedankenablauf Brüche oder Sprünge oder unklare Übergänge vorkommen. Bei der nächsten Predigt (am gleichen Sonntag) stelle ich die nötigen Korrekturen und Verbindungen her.
6. Ich überlege immer: Wie fange ich an? Wie höre ich auf? Ich fange nie eine Predigt mit »Wenn« an.
7. Ich frage mich, was der Hörer denkt, wenn er diesen Vergleich, diese Aussage, dieses Bild, diesen abstrakten Gedankengang, diese ins Wort gekleidete Erfahrung hört. Was fühlt er möglicherweise? Gefällt ihm das? Kann er Einseitigkeiten oder Übertreibungen feststellen? Möglicherweise wird er durch meine Darstellung angeregt, seinen eigenen Assoziationen und Gedanken nachzugehen und meinen Ausführungen nicht mehr zu folgen. Wenn ich meine, diese Möglichkeit besteht, dann kleide ich seine möglichen Gedanken ins Wort.
8. Ich freue mich, wenn ich für den Schluß eine markante Formulierung, eine gute Zusammenfassung oder noch ein Bild gefunden habe.

9. Ich versuche manchmal, von heutigen Erfahrungen her Zugang zu Schriftstellen, zu Jesus Christus herzustellen. Ich baue dann die Aussage der Perikope im zweiten Teil in den aufgewiesenen Erfahrungskontext ein, zur Bestätigung oder Korrektur des Erfahrenen, Gewünschten oder Erahnten. Die Frage nach dem Sitz im Leben damals scheint mir dabei notwendig.
10. Manchmal fällt mir die Formulierung von Einzelaussagen schwer. Dann verschreibe ich oft eine halbe Seite, bis ich die Formulierung habe. Bei Bildern oder Vergleichen meine ich, möglichst alles Beiwerk wegzulassen, um nur zu sagen, was im Gesamt der Predigt meiner Meinung nach wichtig ist. Aber das ist wohl eine Geschmacksfrage, ein anderer erzählt lieber etwas ausführlicher.

Antwort zwei:
Kontrollfragen in meiner Predigtvorbereitung:
1. Hat das, was ich sagen will, den Charakter des »Bewegenden«, des »Neuen«, des »Interessanten«, so daß der Hörer sich sagen kann: »Dem Prediger macht es Spaß, solche Gedanken zu denken und sie auch noch weitergeben zu können und zu dürfen.«? (»Kein Mann, dem seine Sache nicht Spaß macht, darf erwarten, daß sie irgendjemand sonst auf der Welt Spaß macht!«)
2. Ist das, was ich sagen will, für mich selber »geistiges Brot«, das mir schmeckt?
3. Bin ich selber mit dem Text, mit der Idee, mit der Parabel, mit der Begebenheit, mit der exemplarischen Situation warm geworden? Gefällt mir das, was ich bringen will?
4. Schlagen die Zentralgedanken bei den Hörern durch? Ist der Plausibilitätsgrad hoch genug? Sind Alternativen und Konkretionen in Fülle darin enthalten?
5. Ist der Inhalt hörerfreundlich? Wie ernst habe ich den Hörer genommen? Ich verabscheue die homiletische Parole: »Friß, Vogel, oder stirb!«
6. Ist die Idee so verpackt, daß der Hörer sie gern als eine Art Geschenk hört oder mitnimmt?
7. Hatten die Hörer wenigstens einmal die Gelegenheit, ihre Mundwinkel zu einem Lächeln zu verziehen?
8. Ist der Inhalt so, daß der Hörer und ich selbst Interesse daran haben, noch weiter darüber zu sprechen, ihn durch weitere Erfahrungen zu ergänzen?
9. Ist es ein befreiender Gedanke, eine frohmachende Predigt oder ein Soll-Pensum, das wie eine Hausaufgabe Schülern auferlegt wird?
10. Ist »Leben« drin, oder handelt es sich um tote Richtigkeiten?

4. Die Bisoziationstechnik in der Predigtvorbereitung
Viele Prediger stehen in der Situation, daß ihnen bei ihrem vorgegebenen Predigtthema die üblichen christlichen Erfahrungsmuster einfallen. Um so notwendiger ist es für sie, die gewohnten Denkgleise zu durchbrechen. Die dazu notwendigen Ideen werden durch Bisoziationen geboren, durch Verbinden ursprünglich getrennter Bezugssysteme. Die zentrale, zum Wesen der Homilie vordringende Bisoziation ist die von Text und Situation. Um dieses Zentrum ranken sich eine Fülle von Bisoziationsmöglichkeiten. Das folgende Schaubild stellt verschiedene Möglichkeiten homiletischer Bisoziation vor und will gleichzeitig zum Spiel mit diesen Möglichkeiten anregen:

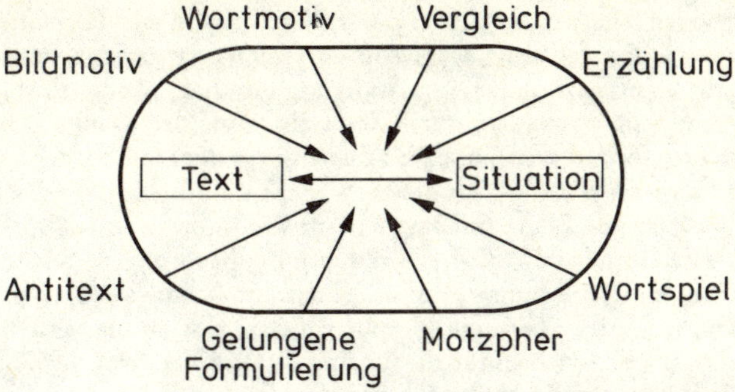

Solche Bisoziation kann sich auf die Makrostruktur der Predigt beziehen; sie kann die Geburt der Schlüsselidee der ganzen Predigt sein. Solche Bisoziationen können aber auch den Mikrostrukturen der Predigt dienen.

II. Der kreative Prozeß

1. Präparationsphase
2. Die Inkubationsphase
3. Die Illuminationsphase
4. Die Verifikationsphase

Bisoziation ist das Ziel kreativer Prozesse. Wie aber sieht der Verlauf solcher Prozesse aus? E. Landau unterscheidet vier Phasen, in denen sich der kreative Prozeß abspielt: 1. Vorbereitungsphase, 2. Inkubationsphase, 3. Illuminationsphase, 4. Verifikationsphase. Dieses vierstufige Modell geht bereits auf H. Poincare zurück. Es hat bei der Mehrheit der Kreativitätstheoretiker Anerkennung gefunden. Landau beschreibt es mit folgenden Worten: »Die Vorbereitungsphase umfaßt die Wahrnehmung eines Problems und die Ansammlung der Information, die das Problem betreffen. Die Inkubationsphase ist eine Wartezeit, in der unbewußt nach einer Lösung gesucht wird. In der Illuminationsphase erfolgt die plötzliche Einsicht in die Lösung. Verifikation und Überprüfung finden in der vierten Phase statt.« Dieses Phasenmodell läßt sich auf die Arbeit an der Predigt übertragen. (Josuttis hat das Verdienst, als erster auf die Bedeutung der Kreativitätsforschung für die Homiletik aufmerksam gemacht zu haben!)

1. Die Präparationsphase

Man soll empfindend sein, nicht empfindsam. (Tucholsky)

Der amerikanische Psychologe J. B. Guilford war es, der darauf aufmerksam gemacht hat, daß kreative Menschen besonders leicht auf ungewöhnliche Dinge aufmerksam werden und bemerken, wo Probleme liegen. Wer kein Problem sieht, findet auch keine Lösung. Nur wem ein Problem auffällt, dem können Ideen und sachgerechte Lösungen dazu einfallen. Deshalb ist das Finden von Problemen ebenso wichtig wie das Finden von Lösungen.
Hier nun liegt ein Kardinalproblem des Predigens: Wieweit werden Probleme von Predigern selbständig entdeckt und nicht nur an sie herangetragen durch die kirch-

lich vorgegebenen Themen, in denen durch Kirchenjahr und Perikopenordnung ein mehr oder weniger festumrissener Antwortenkatalog vorgegeben ist? Die von Ch. Bartels dringend geforderte Verständigung darüber, wo die Probleme heute wirklich liegen, muß sowohl in der katholischen wie der evangelischen Kirche noch intensiver gefördert werden, damit die Aussage der Hamburger Psychologin M. Hausmann in einem Rundfunkinterview nicht wahr bleibt: »In der Kirche beschäftigen sich zu viele Leute mit zu viel Aufwand mit zu unwichtigen Problemen.« Probleme können bewußt werden durch Beobachtungen, Bücher, Gespräche, Fernsehen, moderne Literatur usw., ebenso durch die obengenannten theologischen Anlässe, oder durch ein Gespür für das, was »in der Luft liegt«.
Für die konkrete Predigt beginnt die Vorbereitungsphase mit der Auswahl des Problems. Eine intensive Beschäftigung mit dem Problem, das in der Predigt angesprochen werden soll, ist entscheidend für die Entdeckung einer Predigtidee. Durch die breit angelegte Materialsammlung wird zunächst alles Material gesammelt, das in irgendeiner Beziehung zum Thema steht (vgl. in Kap. IV: Kreatives Lesen).
In die Phase der Vorbereitung gehört auch die Beschäftigung mit Predigten anderer Prediger, die man zum Ausgangspunkt einer produktiven Umgestaltung machen kann. Bert Brecht hat den Vorschlag gemacht, daß man für die Regiearbeiten bei Theateraufführungen Modelle von Aufführungen benutzen sollte. R. Bohren zieht daraus zu Recht die Konsequenzen für die Predigtvorbereitung: »Man muß sich freimachen von der landläufigen Verachtung des Kopierens. Es ist nicht das Leichtere! Es ist nicht eine Schande, sondern eine Kunst.« Brecht nennt das Kopieren »eine Kunst für sich«, plädiert aber nicht für eine sklavische, sondern souveräne Nachahmung. »So töricht eine Nichtbenutzung des Modells (etwa aus Ehrgeiz!) wäre, so klar sollte es doch auch sein, daß man ein Modell am besten benutzt, indem man es verändert.«
In der Vorbereitungsphase wird noch nicht zensiert, was wichtig und was unwichtig ist. Nur so kommt jene breite Basis zustande, auf der Ideen gedeihen können. Der nichtkreative Prediger kategorisiert bereits in der Vorbereitungsphase nach Stereotypen; er nimmt dadurch viel weniger auf und beraubt sich selbst der Fülle der Möglichkeiten. Was nach Auskunft der Publizistik zum Berufsbild des Journalisten gehört, gilt ohne Abstriche für einen Prediger: »Er muß nicht immer die richtigen Antworten wissen, aber immer die richtigen Fragen. Er muß sich in jeden anderen Menschen hineinversetzen können, er muß die Gabe haben, jede andere Meinung, und sei es die abstoßendste, zu begreifen. Er muß schnell urteilen, aber langsam verurteilen. Sein Verstand gehört dem Vollkommenen, aber sein Herz dem Unvollkommenen.«

Zusammenfassend:
1. Probleme sichten
2. Zensurfreie Materialsammlung
3. Gründliches Durchdenken des Problemfeldes
4. Fremde Predigten studieren

2. Die Inkubationsphase

Laßt uns träumen lernen (Kekulé)

Obwohl die Grenzen zwischen den Phasen ziemlich fließend sind, läßt sich die Inkubationsphase eingrenzen auf jenen Bereich, der zwischen dem Formulieren des Problems, dem Ausloten von Lösungsmöglichkeiten und dem Finden der endgültigen Lösung (= Idee) liegt. Das Unbewußte wird bewußt miteingeschaltet in den kreativen Prozeß; denn es hat sich gezeigt, daß Kreativität an dem Übergang vom Unbewußten zum Bewußten besonders wahrscheinlich ist.

Ein Vergleich kann verdeutlichen, wie wir uns die geistigen Vorgänge in dieser Phase vorzustellen haben: »Stellen wir uns doch die zukünftigen Elemente unserer Überlegungen als etwas vor, das den festgehaltenen Atomen Epikurs ähnelt. Solange der Geist in absoluter Ruhe verharrt, sind diese Atome unbeweglich, sie sind gewissermaßen festgenagelt. In einer Periode der scheinbaren Ruhe und der unbewußten Arbeit reißen sie sich los und beginnen, sich zu bewegen. Sie schwirren in allen Richtungen durcheinander, wie man es z.B. bei einem Mückenschwarm beobachten kann. Wer ein wissenschaftliches Bild vorzieht, mag an die Bewegung der Gasmoleküle bei der Brownschen Molekularbewegung denken. Ihr gegenseitiges Aufeinanderprallen kann zu immer neuen Kombinationen von Überlegungen führen.«

Ähnlich werden Informationen aus ihrem ursprünglichen Zusammenhang herausgelöst, Stereotype aufgebrochen, Vorurteile zertrümmert, Selbstverständlichkeiten neu buchstabiert. Eine Idee wird isoliert und in ein neues Ideenfeld gestellt. Neue Zusammenhänge werden gesucht und ausprobiert. Prinzipien werden übertragen, Wörter ausgewechselt, Bilder kombiniert. Ein Problemkreis wird mit einem anderen überlagert; Umstrukturierungen werden vorgenommen; Gedankenketten auseinandergebrochen und neu zusammengesetzt. Der sog. Blick aus dem Kopfstand verhilft dazu, ein Problem aus einem neuen Blickwinkel zu sehen, der dem normalen entgegengesetzt ist. –

Da die Inkubationsphase für den Prediger mit frustrierenden Denkbemühungen und intensiven Suchbewegungen, mit Blockierungen und ›unguten‹ Gefühlen an- und ausgefüllt ist, hat sie nicht umsonst auch den Beinamen ›Frustrationsphase‹ erhalten. »Die Blockierung steigert die Intensität des frustrierten Triebes. Sind alle Bemühungen erschöpft, das Problem mit Hilfe traditioneller Methoden zu lösen, so jagen die Gedanken in der blockierten Matrix (Bezugssystem) im Kreis herum wie Ratten in einem Käfig. Danach scheint die Matrix des organisierten, zweckgerichteten Verhaltens zu zerfallen: planlose, ungezielte Versuche treten auf . . .«

Durch diese intensive Suchbewegung ereignet sich im geistig-seelischen Haushalt eine Art Gleichgewichtsstörung, die man sich nicht gerne gefallen läßt. Durch sie wird jedoch das Drängen nach einer Lösung intensiver, damit das Gleichgewicht wiederhergestellt wird. Denn kein Mensch kann auf die Dauer mit einer Gleichgewichtsstörung leben.

Auf die Frage, wie man Einfälle bekomme, hat Charlie Chaplin geantwortet: ». . . indem man bis zur Grenze des Wahnsinns beharrlich bleibt. Man muß die Fähigkeit haben, über lange Zeit Seelenqualen zu ertragen und dann wieder den Enthusiasmus durchhalten. Vielleicht ist das für manche Leute leichter als für andere . . .« Ohne Ausdauer und intensives Suchen ist selten eine gute Predigt entstanden. Allerdings ist die Blockierung in der Inkubationsphase oft so unerträglich, daß man sich diesen »ungemütlichen Zustand« nicht gern gefallen lassen möchte und sich somit erst gar nicht in den Strudel der Kreativität hineinbegibt. Dennoch: Blockierungen und Durchstehvermögen sind die conditio sine qua non für das Finden kreativer Lösungen. Frustrationen, die in der Inkubationsphase durchgestanden werden, sind der Preis, den man für eine Idee bezahlen muß.

Zusammenfassend:
1. Abschalten
2. Beharrlichkeit bei Blockierungen

3. Die Illuminationsphase

> Ein Prediger muß es wagen, Einfälle zu haben, auf seine Einfälle einzugehen. Religionsbeamte und Predigtfunktionäre bedürfen keiner Einfälle.
> (Rudolf Bohren)

Autobiographische Aussagen von Menschen, die auf eine neue Idee gekommen sind, enthalten die überraschende Feststellung, daß sie nachher nie genau sagen können, wie sie ›auf die Idee gekommen‹ sind. Plötzlich war der Einfall da. Verzweiflung schlägt um in Freude am Gefundenen. Das sog. »Aha-Erlebnis«, in Erinnerung an Archimedes auch »Heureka-Erlebnis« genannt, ist normalerweise von sehr starken Gefühlen begleitet. Kreativität ist nie nur eine Sache des Intellekts, sondern immer der ganzen Person. Die Gefühle bilden eine Art Seismograph, der anzeigt: Jetzt ist die Sache perfekt! So geht's! Das kann man machen! Freude, Faszination und Verliebtsein in die neue Idee gehören dazu. Und alles wird begleitet von einem starken Mitteilungsbedürfnis. Eine neue Idee, die man für gut hält, kann man nicht für sich behalten. – Da jede neue Idee zu Anfang ein sehr zartes, durch ungünstige Umstände leicht zerstörbares Gebilde ist, einer jungen Pflanze vergleichbar, die viel Schutz, genügend Pflege und reichlich Sonnenschein benötigt, bedarf sie einer intensiven Kultivierung, damit sie den Kriterien eines kreativen Produktes auch auf den zweiten Blick entspricht: neu, angemessen und brauchbar zu sein.

Zusammenfassend:
1. Mitteilungsfreude
2. Kultivierung der Idee

4. Die Verifikationsphase

> Die Aufführung zeigt, was die Regie aus einer Idee alles machen kann.
> (Stanislav J. Lec)

Der letzte Schritt im kreativen Prozeß ist die Verifizierung. Die subjektive Einsicht wird in eine objektive Form gebracht. Die Idee wird ausgestaltet. Vergleicht man die anfängliche Idee mit einer Knospe, so geschieht in dieser Phase das Aufblühen der Knospe. Die anfängliche Idee enthält implizit Linien und verborgene Strukturen, die in dieser Phase ausgezogen werden. Die Idee wird konturiert und profiliert. Das wiederum verlangt Konzentration und harte Arbeit. Wenn in der Vorbereitungsphase das Arbeitsmotto lautete: »Hier heißt es, Jäger und Sammler sein!« so mag es nun lauten: »Hier heißt es, Feinmechaniker sein!«. Hand in Hand mit der Ausarbeitung geht die ständige Prüfung, ob die Idee auch den obengenannten Kriterien standhält, nämlich neu, angemessen und brauchbar zu sein.

Zusammenfassend:
1. Gestaltungsfreude
2. Konsequenz in der Ausformulierung

Das nachstehende Schaubild mag das Gesagte noch einmal schematisch verdeutlichen:

ZIEL ZUSTAND FAKTOREN / PHASEN	ZIEL	PSYCHISCHER ZUSTAND	KREATIVITÄTS-FÖRDERNDE FAKTOREN
Präparationsphase	Problemfindung Materialsammlung	Spannung	Offene Haltung gegenüber der Umwelt Verzicht auf Zensur Anschauliches Denken Kreatives Lesen Freude am Probieren Freude am Spielerischen Freude am Unsinn Suche nach dem Überraschenden Lust am Umstrukturieren
Inkubationsphase	Versuch der Formgebung	Frustration	Ausdauer im Suchen Frustrationstoleranz Beharrlichkeit
Illuminationsphase	Formfindung der Idee	Freude	Zeit zum Verweilen Mitteilungsfreude
Verifikationsphase	Ausgestaltung der Idee	Konzentration	Gestaltungsfreude Konsequentes Denken Freude am Formulieren

Heue/Lindner (1975):

Erster Weg:
Vom Text zur Predigt

Die Predigtvorbereitung beginnt meistens mit dem Studium des Bibeltextes. Wer damit anfängt, wird bestimmte Schritte gehen, um zu einer Predigt zu kommen, die die Hörer anspricht. Der Prediger wird nicht immer alles tun, was im Folgenden angeregt wird. Er überspringt oft eine oder mehrere Stationen und hält sich an manchen länger auf, weil er hier mehr Probleme zu bearbeiten hat, als nachstehend gezeigt werden. Es ist wie in vielen Gesellschaftsspielen. Manchmal rückt die Figur schnell vor und ist bald am Ziel. Manchmal muß der Spieler immer wieder zurück und hat Mühe, das Ziel zu erreichen.
Der Ausgangspunkt des ersten »Predigtspiels« bildet der Bibeltext. Wir beschreiben verschiedene Schritte, die der Prediger bei seiner Vorbereitung gehen kann. Dabei wird von Anfang an das Nachdenken über die Hörersituation nicht ausgeblendet. Das geschieht, um die Fremdartigkeit biblischer Texte und deren Widerspruch und Zuspruch in der jeweiligen Hörersituation genauer zu erfassen. Der Prediger geht den Weg vom Text zur Predigt zusammen mit den Erkenntnissen, die er über seine Hörer hat. Seine Vorbereitung ist text- *und* hörerorientiert.

I. Schritt:
Mein erstes Gespräch mit dem Text

1. In diesem Arbeitsschritt lasse ich mich von den folgenden Fragen leiten:
– Ist mir der Text nah oder fern, leicht oder schwer verständlich?
– Ist er mir angenehm oder fremd, spricht er mich an?
a) Ich versuche, den Text mit eigenen Worten wiederzugeben (Paraphrase).
b) Ich denke über die Schlüsselworte nach, über die Hauptworte des Textes, die mich besonders fasziniert oder geärgert haben. Ich suche in verschiedenen Wörterbüchern, die Bedeutung des Wortes zu erfassen.
c) Ich ziehe deutsche Übersetzungen des Textes zu Rate und versuche zu erkennen, wie diese bestimmte Worte verstanden und interpretiert haben.
2. Ich versuche, den Text zu beschreiben im Blick auf seine
– Gliederung
– Höhepunkte
– Unklarheiten
– Zweideutigkeiten.
3. Ich versuche, mich an andere Texte zu erinnern, biblische oder nichtbiblische, Gedichte, Gebete und Geschichten, die m.E. etwas mit dem Text zu tun haben.
4. Ich notiere mir diejenigen Fragen, die ich bei der näheren Beschäftigung mit dem Bibeltext in der Exegese nachprüfen möchte: was mir am Text »fragwürdig« erschien.

II. Schritt:
Mein erstes Gespräch mit dem Hörer

1. Ich stelle mir vor, wie die von mir vermutete Sache auf meine Hörer wirkt.
2. Ich versuche herauszufinden, ob meine Einfälle, die ich auf Grund des Textes gehabt habe, zu der Situation passen, in der ich zu predigen habe.
3. Ich mache mir klar, über welche Fragen ich auf Grund des Textes am liebsten mit meinen Hörern reden möchte.
4. Ich lasse mir Gespräche, Gesprächsfetzen, Erlebnisse, Erfahrungen durch den Sinn gehen, die ich mit Hörern in der letzten Zeit gehabt habe, z.B. bei Hausbesuchen, mit Bekannten, bei kurzen Gesprächen mit Nachbarn und Freunden.
5. Ich stelle mir die Frage, was ich eigentlich bei meinen Hörern erreichen möchte, wenn ich die Sache des Textes als sein Anwalt vertrete: Was ist meine Intention als Prediger des Evangeliums?
Alle diese Fragen führen zu einem ersten Abtasten der homiletischen Situation, d.h. also zu einer ersten Auseinandersetzung mit der vermuteten Situation der Hörer, ihrer Lebensbereiche und der Fragen, die sie wohl haben könnten.

III. Schritt: Exegetische Überprüfung der Einfälle zum Text

Als Anwalt des Textes muß ich so ehrlich sein, daß ich den Text als mein Gegenüber, als meinen Gesprächspartner da lasse, wo er steht, daß ich ihn nicht vergewaltige und solange zurechtbiege, bis er mir paßt. Deswegen muß die exegetische Überprüfung der Einfälle und Intentionen Korrekturen bringen. Folgende Fragen sind von der Exegese her zu stellen:
1. In welchem größeren Zusammenhang steht der Text für seinen Verfasser?
2. Welche Zielrichtung hatte der Autor des Textes vor und mit welchen Mitteln wollte er dieses Ziel in seiner damaligen Hörersituation erreichen?
3. Was sagen Kommentare über die Botschaft, die Kernaussage des Textes?
4. Gibt es deutliche Unterschiede oder sogar einander ausschließende Deutungen des Textes in den Kommentaren?
5. Welchen großen Lehraussagen des christlichen Glaubens (z.B. Rechtfertigung, Nachfolge, Kirche) läßt sich der Text zuordnen?
Der dritte Schritt sollte zu exegetischen Leitsätzen führen. Ich weiß dann, in welcher Weise ich als Anwalt des Textes dem Hörer gegenüber aufzutreten habe.

IV. Schritt: Blick in die Predigtliteratur

Wenn ich in meiner Bibliothek Predigten habe oder gute Predigten zu einem Text bekommen kann, sollte ich diese einsehen. Ich kann dann feststellen, wie Prediger vor mir den Text ausgelegt haben. Besonders werde ich von Auslegungen profitieren, die von Autoren stammen, die ich gern habe und deren Predigten mir etwas geben.
1. Ich stelle die Leitgedanken fest, mit denen andere Prediger den Bibeltext und ihre Aussage miteinander verbunden haben.
2. Ich merke mir, welche Gedanken ich besonders gut gelungen finde.
3. Ich notiere, welche Geschichten, Bilder, Beispiele und Illustrationen mir vor allem gefallen haben.

Bei der Auswertung anderer Predigten gilt im Unterschied zu einer streng wissenschaftlichen Arbeit der Leitsatz: Das Plagiat ist die Mutter des homiletischen Einfalls, oder: Diebstahl ist in dieser Sache erlaubt, aber es muß ein echter Diebstahl sein. Das heißt: Der Prediger muß in der Predigt keine Auskunft darüber geben, von wem er seine Einfälle hat. Das interessiert die Hörer nicht.

V. Schritt: Schöpferische Pause

Ist die Materialsammlung und die Überprüfung meiner Überlegungen zur Predigt beendet, sollte ich meine Predigt nicht sofort ausarbeiten, sondern eine schöpferische Pause machen, um mit der entstehenden Predigt »schwanger zu gehen«. Diese Phase ist beschwerlich, weil ich mir noch nicht im klaren bin, wie ich predigen werde. Ich weiß nicht, ob ich etwas Rechtes zustande bringe. Ich kann in dieser Phase in Angst und Depression geraten. Ich muß mich mit Problemen des Textes und meiner Hörer auseinandersetzen: Wie kann ich eine Brücke zwischen Text und Situation bauen, um nicht über die Hörer hinwegzureden?
Die Beschwerlichkeit dieser Phase wird oft durch die Freude über einen erleuchtenden Einfall abgelöst. Ich kann jetzt mit dem Material, das ich gesammelt habe, zielbewußt umgehen. Ich bin zum Predigen motiviert und kann darum zum Zuhören motivieren. Ich kann das Problem benennen und eingrenzen. Manche beschwerlichen Wege in Versuch und Irrtum bin ich gegangen. Jetzt kann ich ein Lösungsangebot machen. Ich habe einen Lernprozeß durchgemacht. Ich kann jetzt *Leitgedanken für die Predigt* aufschreiben.

Die schöpferische Leistung, die auch ein Prediger zu vollbringen hat, ist beschrieben von Erika Landau, in: Psychologie der Kreativität, München/Basel 1974[3]. Landau unterscheidet vier Phasen des Kreativitätsprozesses: Vorbereitung, Inkubation, Illumination und Verifikation. »Die Vorbereitungsphase umfaßt die Wahrnehmung eines Problems und die Ansammlung der Informationen, die das Problem betreffen. Die Inkubationsphase ist eine Wartezeit, in der unbewußt nach einer Lösung gesucht wird. In der Illuminationsphase erfolgt die plötzliche Einsicht in die Lösung. Verifikation und Oberprüfung dieser Lösung finden in der vierten Phase statt« (S. 61).

VI. Schritt: Zuordnung von Bauelementen

Das in den Schritten I–IV gesammelte Material wird dem Predigteinfall und den daran anknüpfenden Leitgedanken zur Predigt zugeordnet. Neue Bausteine werden gesucht, unter anderem:
1. Denkmodelle sollen einen Aussagekern in einem längeren Gedankengang entfalten.
2. Kurze Geschichten, die eine Aussage bildkräftig und exemplarisch einprägen.
3. Erinnerungs- und Erfahrungsstücke, in denen ich eine Aussage sinnfällig bearbeitet habe.

VII. Schritt:
Gliederung und Organisation der Predigt

In diesem Arbeitsschritt geht es darum, verschiedene vorläufige Pläne zu entwerfen, mit deren Hilfe ich meine Predigt bauen kann:

1. Entwurf einer Gliederung unter Wahl eines oder mehrerer Gliederungsmodelle, wie sie in P 2 dargestellt sind.
2. Das Material aus den Predigtschritten I–IV und VI wird in das Schema eingeordnet.
3. Erste Formulierungen des Textes durch schriftliche Fixierung oder durch freie Formulierung auf Tonband.
4. Ich mache den Versuch, diese erste Formulierung einem mir vertrauten Menschen oder einer Predigtgruppe (vgl. P 1.2–4) vorzutragen, andere ihre eigene Meinung dazu sagen und mir für die weitere Predigtarbeit Anregungen geben zu lassen.

VIII. Schritt:
Endgültige Durchformung der Predigt

Dieser Schritt dient zur eigenen Kontrolle des Predigers, indem er noch einmal ganz bestimmte handwerkliche Maßstäbe an seinen Text legt. Folgende Kontrollschritte sollten vorgenommen werden:
1. Zur Gliederung der Predigt:
– Sind die Teile der Gliederung gleichgewichtig?
– Sind die Übergänge zwischen den Teilen verständlich (keine Gedankensprünge)?
– Sind die wichtigsten Aussagen und Höhepunkte der Predigt deutlich markiert?
– Sind alle aufgeworfenen Fragen in der Predigt auch beantwortet worden? Der Hörer soll in der Predigt nicht vergeblich danach suchen müssen, ob die ihn interessierenden Fragen Antwort gefunden haben.
2. Kontrolle des Schwierigkeitsgrades der Predigt:
– Enthält die Predigt zu viele Informationen nacheinander?
– Werden alle Informationen genügend erläutert und beschrieben (Probleme der Redundanz, vgl. P 2.2 f).
3. Stil der Predigt:
– Ist die Predigt wirklich Rede und nicht Schreibe?
– Ist die Verwendung von Hauptsätzen vorherrschend (Tucholsky: »Hauptsätze, Hauptsätze, Hauptsätze!«)?
– Ist die substantivierende Ausdrucksweise vermieden worden?
– Sind Geschichten wirklich lebendig erzählt und nicht nur abgekürzt berichtet worden?
Merksatz: »Wat jestrichen is, kann nich mehr durchfall'n« (Otto Brahm, Theaterkritiker). Das heißt: Die Predigt sollte gekürzt, aber nicht gestrafft werden. Kürzen heißt, ihre zeitliche Ausdehnung und Informationslast zu ermäßigen. Straffen heißt, daß eine Predigt oft zum Skelett abmagert. Das ist zu vermeiden.

IX. Schritt: Der Vortrag der Predigt

1. Für den Vortrag der Predigt gibt es keine allgemein gültigen Ratschläge. Hier ist jeder nach seinem Temperament gefragt, die für ihn richtige Weise des Kommunikationsgeschehens zu finden. Einige Gefahren:
– Wer die Predigt auswendig lernt, steht in der Gefahr, beim Vortrag nach dem roten Faden zu suchen und dabei den Hörer zu vergessen.

– Wer die Predigt nach einem Stichwortkonzept vorträgt, steht in der Gefahr, daß ihm während der Rede immer neue Einfälle kommen und daß er die zumutbare Länge der Predigt überschreitet. Hier ist der Typ der Prediger zu nennen, die zur Landung ansetzen und immer wieder neu durchstarten, weil ihnen noch etwas eingefallen ist.
– Wer den ausformulierten Text vor sich hat und ängstlich daran klebt, steht in der Gefahr, die jeweilige Atmosphäre des Kontaktes mit dem Hörer nicht mehr zu spüren.
2. Nach allem, was wir wissen, können Prediger, die ihre Manuskripte ausschreiben, sie abheften und hin und wieder vornehmen, recht gut überprüfen, was sie in der Zwischenzeit gelernt haben oder wo ganz bestimmte Veränderungen ihres Glaubenszeugnisses eingetreten sind. Das Aufschreiben der Predigt ist eine gute Sache, um sich selbst in seiner Predigtweise von Zeit zu Zeit zu kontrollieren.

Beispiel: Predigtvorbereitung zu Mattäus 13,10–17 (Rolf Heue)

Wie ein Prediger vom Text zur Predigt vorgehen kann, soll an einem Beispiel gezeigt werden. Einige Stationen, deren Funktionen im vorigen Abschnitt beschrieben wurden, werden übergangen. Denn der Prediger soll bei seiner Vorbereitung sich nicht von einem bestimmten Schema einengen lassen. Dieses dient dem Prediger als Erinnerung, was ihm auf dem Weg vom Text zur Predigt helfen kann.

Das folgende Beispiel ist in erweiterter Form abgedruckt in: Neukirchener Predigthilfe 1.1 (Werkbuch für Gemeindeglieder im Predigtdienst). Neukirchener Verlag 1974. Wer schon über die Perikope Mt 13,10–17 gepredigt hat (3. Reihe, Sonntag Sexagesimae), kann das Folgende mit dem vergleichen, was er erarbeitet hat.

I. Mein erstes Gespräch mit dem Text

Der Text ist mir unbequem. Er reizt viele zum Widerspruch. Gleichnisse sollen also nicht Erklärungen bieten, sondern verhüllende, unverstehbare Redeweisen sein. Dabei hat doch Jesus selbst seinen Hörern Geschichten von Bauern und Fischern, Bürgern und Kaufleuten erzählt, um ihnen den Anbruch des Reiches zu deuten. Hier aber heißt es nun, daß die Geheimnisse des Himmelreiches (V. 11 f) durch Gleichnisse nicht enthüllt, sondern zugedeckt werden.
Noch ärgerlicher ist die »Verstockungstheorie«, die Jesus hier anbietet. Will er damit den Mißerfolg seiner Predigt entschuldigen? Was sollen wir uns als Hörer und Prediger noch anstrengen, wenn von vornherein feststeht, wer zuhören kann (V. 14 f)?
Um so peinlicher ist es dann, wenn Jesus die Jünger selig preist. Ein paar Eingeweihte sollen also die Geheimnisse Gottes verstehen? Sie sollen sogar besser dran sein als die Propheten? Ist das nicht überheblich und ganz »unchristlich« geredet (V. 16 f)?
So gerate ich beim Nachdenken über den Text in lauter Widersprüche hinein. Jesus predigt doch ein Evangelium für alle; aber hier gibt es »Geheimnisse«, die den

meisten Menschen nicht zugänglich sind. Jesus ist gekommen, um alle Verhängnisse zu durchbrechen; aber hier wird von Menschen geredet, die in ihrem Schicksal gefangen bleiben. Jesus hat eine Gemeinde gesammelt, zu der jedermann Zutritt hat; aber hier wird sie als kleine Schar von Auserwählten dargestellt.

Als Fragen an die Exegese notiere ich:
1. Wie sind solche Widersprüche zu erklären?
2. Was sind die Geheimnisse des Himmelreiches?
3. Wie verhalten sich Hören-wollen und Nicht-Hören-können zueinander?
4. Worin besteht der besondere Vorzug der Gemeinde, wenn Jesus die Augen und Ohren der Jünger glücklich preist?

II. Mein erstes Gespräch mit dem Hörer

Ich rede zu Studenten der Theologie, die sich sehr intensiv mit der Verständlichkeit der Predigt befassen. Wir haben eine Menge darüber gelernt, wie man eine Predigt gut gliedert, wie man sie hörerfreundlich zubereitet und wie man möglichst wenig Informationskerne anbietet, um den Hörer nicht zu belasten. Wir haben uns auch bemüht, von Jesus zu lernen, wie er Geschichten erzählt und wie er seine Hörer durch seine Erzählung in die Geschichte Gottes mit den Menschen hineinverwickelt. Wir haben ferner eine Reihe von Beobachtungen, Erfahrungen gesammelt, wie Predigten bei uns selbst und beim Hörer ankommen; wo Blockaden liegen, wo Zustimmung erfolgt und wie eine Predigt völlig anders verstanden werden kann, als sie gemeint war. Wir sind davon überzeugt, daß man sehr viel tun kann, um eine Predigt handwerklich sauber und verständlich zu formulieren.
Ich vermute, daß auch andere Hörer als die Studenten die Rede des Textes ärgerlich empfinden. Aus vielen Gesprächen weiß ich, daß sie oft nach einer verständlicheren Predigt fragen, als sie ihnen in der Kirche geboten wird. Sie finden in unseren theologischen Formeln schon genug »Geheimnisse« vor. Mir fällt ein Bonmot von Spurgeon ein: »Eine Frau sagte: Unser Pastor ist wie der liebe Gott. Alltags ist er unsichtbar und sonntags ist er unerforschlich.« Ich kann also mit viel Zustimmung rechnen, wenn ich mich bemühe, in meinen Predigten verständlich zu reden, wenn ich eine klare Gliederung benutze und wenn ich einprägsame Beispiele und gleichnishafte Geschichten erzähle.
Allerdings bin ich auch oft genug schon an die Grenzen des Verständlichen gekommen. Die spannendste Predigt bleibt wirkungslos, wenn der Hörer sich nicht auf den Glauben an Jesus einläßt. Auch die schön gepflasterten Wege meiner Überzeugungskraft führen zu einem engen Tor, durch das der Hörer allein hindurchgehen muß.
Will also der Text diesen Einschnitt markieren? Will er mich als Hörer und als Prediger davor warnen, daß ich meine Zuversicht auf das Machbare, das Einsichtige setze? Will er vielleicht sagen: Das Evangelium bleibt ein Wort gegen alle Vernunft, das nicht kalkulierbar ist in seiner Wirkung?
Mir kommen auch Menschen in den Sinn, die durch ganz arme, stockende Worte den Weg zu Jesus gefunden haben, Menschen, die durch ein stammelndes Zeugnis mehr überzeugt worden sind als durch zündende Reden. Hunger nach Gottes Wort kann man nicht erzwingen.

III. Exegetische Überprüfung der Einfälle zum Text

Das Stichwort »Gleichnis, Parabel« (V. 10) muß offenbar nach dem hebräischen Ausdruck dafür mit »Rätselwort« oder »schwerverständliche Rede« übersetzt werden. Damit sind dann aber nicht die Geschichten gemeint, die Jesus erzählt, sondern damit ist seine ganze Verkündigung getroffen. Diese Verkündigung ist so neu, so ungewohnt, so rätselhaft, daß man sie in die überkommenen Vorstellungen von Gott nicht einzuordnen vermag. Die »Geheimnisse des Himmelreiches« stellen sich also vor allem in der Person Jesu und seiner Rede von Gott dar. Ein Gott, der eine bessere Gerechtigkeit fordert als die der Gesetzestreuen (Mt 5,20), bleibt den meisten unverständlich. Ein Gott, der seine Wahrheit so ganz und gar mit der Person seines Sohnes verbunden hat (Mt 11,25 f), stößt auf Ablehnung durch die Klugen und Weisen, die ihn in ihren theologischen Formeln eingefangen haben. So geht es also um den Glauben an Jesus als den Christus Gottes. Wer den nicht annimmt, für den sind auch die Gleichnisse, die er erzählt, bestenfalls kuriose Histörchen und nicht einmal sehr logische Geschichten. Der Sprecher Jesus bürgt allein für die Wahrheit seiner Predigt.

Von dieser Beziehung zwischen der Wahrheit Gottes und der Person Jesu her wird nun auch der Satz von den tauben Ohren und den blinden Augen verständlich (V. 13–15). Wer sich auf Jesus nicht einlassen will, der ist nicht etwa nur ein Randsiedler des Reiches Gottes, sondern er bekommt dieses Reich gar nicht, auch nicht von weitem zu Gesicht. Jesu Predigt hat also zwei Wirkungen, die sich einander ausschließen. Heraus kommt dabei die unumkehrbare Reihenfolge des Heils. Der Mensch hat von sich aus keine Möglichkeit, sich zu Gott zu bekehren, sondern Gott muß sich zuerst zu ihm kehren, muß ihm die Augen und Ohren für sein Werk öffnen. Darum nimmt Jesus das Jesaja-Zitat auch ausdrücklich auf. Mit seinem Kommen sind das Gericht in seinem vollen Ernst, das Heil in seiner unbedingten Gültigkeit erst richtig deutlich geworden. Das unbedingte Ja Gottes zu uns Menschen steht auf dem Hintergrund des unbedingten Nein Gottes zu unserer verkehrten Menschenart.

Weil nun aber das Gefälle der Geschichte Gottes mit den Menschen vom Nein zum Ja geht, von der Verwerfung zur Erlösung, darum preist Jesus die Gemeinde der Jünger als hörende und sehende (V. 16 + 17). Er jubelt darüber, daß Gottes Gnade unter den Menschen schon auf dem Wege ist. Der Glaube der Jünger ist kein fester Besitz, sondern auch er ist angefochten, aber gegen allen Augenschein und allen Widerspruch läßt Gott sie die Erfahrung machen: Uns sind die Sünden vergeben, der Friede ist gestiftet, das Leben ist gewonnen. Diese Liebe Gottes ist so unableitbar, so ohne menschliche Vorleistung, daß Jesus von einem Bruch der Zeiten reden kann (V. 17). Damit kommt der Text auf seinen Anfang zurück. Wer auf der Seite Jesu steht, wer in ihm das Geheimnis der Gottesherrschaft entdeckt, der entdeckt auch die Spuren des Reiches in ganz alltäglichen Geschichten, für den werden Natur und Geschichte zu Quellen von Gleichnissen.

So komme ich zu *exegetischen Leitsätzen:*

1. Jesus wendet sich an Menschen, die ihr Vertrauen ganz auf ihn geworfen haben. Von ihnen sagt er, daß sie zur neuen Zeit gehören; denn das Reich Gottes bricht unter ihnen an.

2. Von dieser neuen Zeit her kommen die Merkmale der alten Zeit in den Blick: Unglaube, Verstockung und Verlorenheit. Sie weisen darauf hin, daß Gottes Gnade nichts Menschenmögliches ist, sondern sein freies Geschenk bleibt.
3. Solange aber Jesus redet, solange er in den Gleichnissen seine eigene Geschichte erzählt, ist immer der Weg des Vertrauens möglich, gibt es auch immer die Hoffnung auf Vergebung und Erlösung. So bleiben wir diejenigen, die eingeladen sind, mit Jesus die Spuren des Reiches in unserem Alltag zu entdecken.

Diese Sätze werden verschärft durch eine *biblisch-theologische Aussage* aus der Theologie Karl Barths:

Darum redet Jesus in Gleichnissen, damit das Wort des Propheten Jesaja von den sehend Nichtsehenden, hörend Nichthörenden erfüllt werde: die unabdingbare Ordnung, daß der Mensch von sich aus die Möglichkeit nicht hat, sich selbst zu Gott zu bekehren, daß sie ihm vielmehr gerade dann genommen wird, wenn Gott ihn tatsächlich zu sich bekehrt! Diese Ordnung ist das Geheimnis des Himmelreiches, das die Jünger Jesu als solche durch ihn kennenlernen und so tatsächlich mit ihm selber kennen. So hat er sie in seine Einsamkeit vor Gott und der ganzen Welt gegenüber hineingezogen (Kirchliche Dogmatik II/2, S. 495).

Ich lasse mich als Prediger der Geheimnisse des Himmelreichs von dieser unabdingbaren Ordnung verpflichten.

V. Schöpferische Pause

Der vierte Schritt in der Predigtvorbereitung, der Blick in die Predigtliteratur, soll bei diesem Beispiel entfallen. Nach einer schöpferischen Pause formuliere ich folgende *Leitgedanken für die Predigt:*
1. Wer zu sehr auf das Machbare in der Predigt vertraut, der wird vom Text schokkiert. Dieser Zusammenstoß zwischen der Hörererwartung und der Textaussage muß in der Predigt deutlich dargestellt werden.
2. Wer zu sehr auf die Wirkung von Gleichnissen und Geschichten vertraut, muß sich vom Text sagen lassen, daß an der Person Jesu kein Weg vorbeiführt. Jesu Geschichten enden – wie sein eigenes Leben – immer bei Kreuz und Auferstehung. Von daher bekommen sie ihre Wahrheit und ihre Gültigkeit.
3. Der Trost des Evangeliums besteht dann darin, daß Jesus das Menschenmögliche klein schreibt und Gottes Möglichkeiten groß. Das entlastet auch den Prediger von der gesetzlichen Zumutung, als könnte er durch seine handwerkliche Leistung den Glauben der Hörer erzwingen.

VI. Zuordnung von Bauelementen

Nach der Formulierung von Leitgedanken zur Predigt suche ich nach Bausteinen, die mir und meinen Hörern verdeutlichen helfen, was ich sagen will. Ich finde Erfahrungsstücke zur Unfähigkeit, sich in ein erregendes Geschehen hineinziehen zu lassen, und zur Begrenztheit von Geschichten, die mir erzählt wurden.
1. Die Zeitungen berichten jetzt öfter von Banküberfällen, bei denen Geiseln genommen werden. Die Gangster verhandeln mit der Polizei. Sie wollen mit ihrer Beute in einem bereitgestellten Auto fliehen. Während der stundenlangen Verhandlungen drängt sich die Menge an den Absperrungen. Einer sagt: Das ist besser

als ein Kriminalfilm! In der Nebenstraße ist schon ein Würstchenstand aufgefahren und macht gute Geschäfte. Drinnen in der Bank geht es um Leben und Tod. Da haben Menschen Angst. Draußen läuft ein Volksfest ab. Die Opfer und die Zuschauer: sie nehmen die gleiche Geschichte ganz verschieden wahr.
2. Ich denke daran, wie ein Kind das Märchen vom Rotkäppchen versteht. Wenn es klein ist, dann folgt es der Geschichte voll Spannung. Immer wieder muß die Szene im Haus der Großmutter gespielt werden, wenn Rotkäppchen den Wolf im Bett fragt und dann gefressen wird. Und am Ende ist die Freude ungetrübt, weil Großmutter und Kind wieder heil aus dem Bauch gekommen sind. Aber eines Tages fragt das Kind: Sag mal, Wölfe können doch gar nicht sprechen! Und gefressene Menschen sind doch tot und in Stücken! Wie ist das also damit? Da ist es mit dem Zauber aus. Das Märchen taugt nicht mehr als Gleichnis. Das Kind läßt sich nicht mehr in diese Geschichte verwickeln.

VII. Gliederung und Organisation der Predigt

Ich entwerfe folgenden Bauplan für meine Predigt. In der Einleitung soll das Selbstverständnis des Hörers zur Sprache kommen, der sich als ein guter homiletischer Handwerker versteht. Es soll auch die Genugtuung darüber deutlich werden, daß er mit erlernbaren Techniken und geeigneten Beurteilungsmaßstäben sich auf einem guten Wege weiß.
Im 1. Hauptteil soll dann der ärgerliche Einspruch des Textes laut werden. Hier kann die Antipredigt verwandt werden, wie sie im ersten Schritt erarbeitet worden ist.
Im 2. Hauptteil soll der Widerstand der Hörer durch die Einsicht in die Unumkehrbarkeit des Heilsweges überwunden werden. Das Ja Gottes, das er in Jesus Christus zu uns spricht, geht all unseren Leistungen voraus. Hierbei kann das Material aus dem dritten Vorbereitungsschritt (exegetische Überprüfung) gebraucht werden.
Die Lösungs- und Schlußphase soll aus der Einsicht Konsequenzen ziehen, daß nicht wir es sind, die den Glauben erzeugen. Dieses soll als Trost verstanden werden, als Trost für den Prediger. Trotz unserer handwerklichen Fähigkeiten, die wir nicht verstecken sollen, dürften wir auch unsere Predigtvorbereitung damit beginnen, daß wir wie Jünger Jesus fragen: Herr, was sollen wir tun?

Zweiter Weg:
Vom Thema zur Predigt

Es war auf dem Weg vom Text zur Predigt vom Einfall die Rede, den der Prediger braucht. Dieser Einfall kann ihm im Spannungsfeld zwischen biblischem Text und Hörersituation kommen. Es kann auch geschehen, daß dem Prediger an einem Widerfahrnis die Wahrheit eines biblischen Textes aufgeht (vgl. die Traumerzählung in P 2.7). Unvermutet hat der Prediger einen Einfall, der ihm eine vielleicht bisher verschlossene biblische Aussage erschließt. Auch hier wird eine Brücke zwischen Tradition und Situation heute geschlagen.
Vom Predigteinfall läßt sich aber auch in einem anderen Sinn reden. Ich habe eine

Idee, die mir so wichtig zu sein scheint, daß ich daraus eine Predigt gestalten möchte. Ich baue die Idee zu einem Thema aus, das ich biblisch zu begründen suche. Ich halte eine Themapredigt, zum Beispiel: Über das Hören von Predigten (vgl. die Andacht auf S. 14). Wie auf dem Weg vom Text zur Predigt geht der Idee, die mir spontan einfällt, die Wahrnehmung bestimmter Probleme voraus, die Ansammlung von Informationen und die unbewußte Suche nach einer Lösung (vgl. das Zitat von E. Landau, S. 4).

Für eine weitere Beschäftigung mit dem Problem des schöpferischen Einfalls sei auf den Aufsatz von Manfred Josuttis verwiesen: Über den Predigteinfall, in: Evangelische Theologie 12/1972, S. 627–642; ferner: Heribert Arens/Franz Richardt/Joseph Schulte, Kreativität und Predigtarbeit, Claudius Verlag, München 1974.

I. Schritt: Am Anfang der Predigtvorbereitung steht ein spontaner Einfall. Ich habe eine Idee. Sie ist eine Station auf einer Suchbewegung. Mich beschäftigt zum Beispiel: Welche Fragen bedrängen meine Hörer? Wenn ich auf diesem Feld etwas Wichtiges finde, habe ich eine Idee, aus der ich ein Predigtthema machen möchte. Was meine Hörer bedrängt, kann auch mein persönliches Problem sein, zum Beispiel bestimmte Fragen der Erziehung oder aktuelle politische Ereignisse. Ich fühle mich genötigt, etwas dazu zu sagen, was mir und anderen Gemeindegliedern auf den Nägeln brennt. Das ist mein Thema. Ich finde es nicht in der Bibel, sondern in meiner Lebenswelt, und zwar auf Grund längerer Beobachtungen, durch persönliche Erlebnisse, Gespräche, Geschichten, Nachrichten und Filme.

II. Schritt: Der Einfall muß theologisch verantwortet werden. Folgende Leitfragen sind zu stellen:

1. Der Einfall muß einen oder mehrere biblische Texte treffen. Sie sind Korrektiv für meine Idee und helfen, diese zu entfalten.
2. Der Einfall muß im Einklang mit Glaubensaussagen der Kirche und ihrem Bekenntnis stehen oder ungeklärte Fragen bearbeiten.

Der Prediger soll wissen, daß er an der theologischen Arbeit beteiligt ist. Er vermittelt die biblische und kirchliche Tradition, und er muß immer wieder Dinge sagen, die gewagt erscheinen, gemessen an den Glaubensaussagen der Kirche und am Stand der wissenschaftlich-theologischen Erkenntnis. Der Prediger wagt sich im Namen Gottes ungeschützt in ein offenes Feld vor. In dieser Funktion können Prediger zur Vorhut wissenschaftlich-theologischer Arbeit gehören. Sie stehen auf Beobachtungsposten mitten unter den Menschen unserer Zeit. Ihre Einsichten bearbeiten sie in ihrer eigenen Werkstatt. Sie sind nicht nur Reproduzenten, sondern Produzenten, schöpferische Theologen.

III. Schritt: Materialsammlung. Die Predigtidee trägt oft nur einen Teil der ausformulierten Predigt. Ich muß die Idee in einen breiteren gedanklichen Rahmen stellen, der sie zu einem tragfähigen Predigtthema macht. Ich informiere mich zum Beispiel über Probleme der antiautoritären Erziehung, des Schwangerschaftsabbruchs, der Umweltzerstörung allgemein und in meiner Stadt. Nur wenn ich über wichtige Erkenntnisse zu diesen Themen verfüge, darf ich darüber predigen. Ich

brauche nicht Fachmann zu sein, soll aber als Laie eine profilierte eigene Meinung haben. Ich nehme öffentlich Stellung, weil ich als Prediger eine öffentliche Funktion habe.
Mein Thema stelle ich anschaulich dar. Damit tritt die Predigtarbeit in den Ablauf ein, den ich auf dem Weg vom Text zur Predigt eingeübt habe. Ich brauche eine Materialsammlung. Viele Prediger haben sich Mappen oder Zettelkästen angelegt, in denen sie Vorräte für künftige Predigten sammeln. Material zum Predigtthema läßt sich aus zwei großen Bereichen zusammensuchen:
1. Aus dem eigenen Erleben. Ich erzähle von mir. Das Ich in der Predigt erleichtert es vielen Hörern, sich mit einer Sache zu identifizieren. Voraussetzung ist, daß sie mit dem persönlichen Erleben des Predigers übereinstimmen können (vgl. P 2.12: Motivation der Hörer; P 4.10 ff: Das Ich des Predigers).
2. Material ist zu gewinnen aus Geschichten, die ich von anderen höre oder die ich lese (vgl. P 2.6). Ich sammle Gedichte und aussagekräftige Fotos, wie sie zum Beispiel die »Foto-Text-Bücher« enthalten (hrsg. i.A. der Arbeitsgemeinschaft Missionarische Dienste von Gerhard Kiefel, Gladbeck/Stuttgart/Wuppertal, je 72 S.

IV. Schritt: Formulierung der Predigtziele. Hier geht es darum, klar festzustellen, was ich mit meinem Thema erreichen möchte, wohin ich meine Hörer bringen will, von wo ich sie abholen muß, damit ich sie auf den Weg bringe. Das mache ich mir nach einer schöpferischen Pause klar.

V. Schritt: Gestaltung der Predigt. Jetzt muß das Material ausgewertet werden, welches das Ziel der Predigt am besten ansteuert. Nicht alles, was ich gesammelt habe, läßt sich verwerten. Material sollte unter folgenden Gesichtspunkten ausgewählt werden:
1. Es soll interessant sein und Hörern etwas Neues bieten: neue Informationen, neue Geschichten. Das alles soll den Hörer erfreuen. Es dürfen auch lustige Geschichten erzählt werden, die dem Hörer etwas zu lachen geben.
Die in der Predigt erzielten Konkretionen sollten so spannend wie möglich dargeboten werden, damit der Hörer das Gefühl hat, daß er etwas Neues und Interessantes hört. So sollte es sein: »Als der Hörer nach 10 Minuten auf die Uhr blickte, bemerkte er, daß eine halbe Stunde bereits vergangen war.« So sollte es nicht sein: »Als der Hörer nach einer halben Stunde auf die Uhr blickte, bemerkte er, daß erst 10 Minuten verstrichen waren.«
2. Ferner geht es um die Gliederungsform (vgl. P 2.8–14). Sie muß meinem Predigtziel entsprechen. Allgemein gilt: Je exakter ich den Hörer abhole, je mehr ich ihn motiviere, um so mehr kann er in die Lage versetzt werden mitzudenken.

11. Kleine Bibliographie –

oder:

Was man mal lesen könnte . . .

Lesen heißt borgen, daraus erfinden, abtragen.
G. C. Lichtenberg

Die Bibliographie bezieht sich nicht auf das Gesamtgebiet der Homiletik, sondern vorzugsweise auf Literatur zur *Predigtvorbereitung.*

Arens, H. u.a.: Kreativität und Predigtarbeit. München 1980[3].

Baltz, U.: Theologie und Poesie (Diss. Mainz, 1981)

Barth, K.: Homiletik. Wesen und Vorbereitung der Predigt. Theologischer Verlag. Zürich 1966, S. 92f; 94–96; 99; 100; 107f.

Bauer, G.: Geburt unter Schmerzen. Über die »menschlichen Faktoren« bei der Predigtarbeit. MPTh 50, 1961, S. 1–5.

Bohren, R.: Predigtlehre. München 1981[4].

Burkhardt, J. (Hg.): Kirchensprache – Sprache der Kirche. Zürich und Stuttgart 1964.

Daiber, K.-F. u.a.: Predigen und Hören. Ergebnisse einer Gottesdienstbefragung. Bd. I: Predigten. Analysen und Grundauswertung. München 1980.

Düsterfeld, P./*Kaufmann,* H.-B. (Hg.): Didaktik der Predigt. Materialien zur homiletischen Ausbildung und Fortbildung. Comenius-Institut Münster 1975.

Flender, H.: Bibeltext und Gegenwartsbezug in der Predigt. Handbücherei für Gemeindearbeit Heft 51, Gütersloh 1971.

Fuchs, O.: Die lebendige Predigt. München 1978.

Geissner, H.: Kirchensprache – Sprache der Kirche. DtPfBl 67, 1967, S. 424ff.
– Verkündigen – Gedanken über Sprache und Sprechen. In: Diakonia 1966, S. 69 ff.

Hasselmann, N.: Predigthilfen und Predigtvorbereitung. Gütersloh 1977.

Heue, R./*Lindner,* R.: Predigen lernen. Gladbeck 1975. (S. 42–50; 52–54)

Hummel, G. (Hg.): Aufgabe der Predigt. Darmstadt 1971.

Jenny, M.: Rezeption und Produktion in der homiletischen Arbeit. MPTh 55,1966, S.275ff.

Jens, W.: Artikel: Rhetorik. In: *Merker/Stammler* (Hg.), Reallexikon der deutschen Literaturgeschichte, Bd. III. 1971.

Jens, W.: Republikanische Reden. München 1976. (Darin bes.: Die christliche Predigt: Manipulation oder Verkündigung? S. 11 ff.).

Jetter, W.: Die Predigt und ihr Text. MPTh 54, 1965, S. 406 ff.

Josuttis, M.: Dimensionen homiletischer Kompetenz. EvTh 39, 1979, S. 319 ff.
–: Über den Predigtanfang. MPTh 53, 1964, S. 474 ff.

–: Über den Predigtaufbau. MPTh 54, 1965, S. 480 ff.
–: Über den Predigteinfall. EvTh 30, 1970, S. 627 ff.

Konrad, J.: Homiletisches Denken. MPTh 52, 1963, S. 303–307.
–: Die evangelische Predigt. Grundsätze und Beispiele homiletischer Analysen, Vergleiche und Kritiken. Sammlung Dietrich, Bd. 226, Bremen 1963.

Lange, E.: Predigen als Beruf. Aufsätze hg. von R. Schloz. München 1982. (Darin bes.: Zur Theorie und Praxis der Predigtarbeit, 1968).

Lerle, E.: Die Einleitung der Predigt. Eine homiletische Untersuchung. Stuttgart 1972.

Luther, H.: Predigt als inszenierter Text. In: G. *Otto* (Hg.), Manfred Mezger zu Ehren. Mainz 1981.
–: Stufenmodell der Predigtvorbereitung. In: Theologia Practica 1982/1.

Marti, Kurt: Wie entsteht eine Predigt? Wie entsteht ein Gedicht? In: Wort und Gemeinde (Thurneysen-Festschrift). Zürich 1968, S. 183–198.

Marxsen, W.: Exegese und Verkündigung. ThExh 59, München 1957.

Merkel, F.: Predigttheorie und Predigtpraxis (Buchbericht). WPKG 60, 1971, S. 40–52.

Mezger, M.: Die Anleitung zur Predigt. ZThK 56, 1959, S. 377–397.

Ott, H.: Symbol und Wirklichkeit. Über das symbolische Sagen und die Wirklichkeit des Unsagbaren. In: Theologische Literaturzeitung 99. Jg./1974, Sp. 561 ff.

Otto, G.: Der Mensch in seiner Welt. Grundfragen der Predigt und des Religionsunterrichts. In: Theologia Practica II. Jg./1967, S. 289 ff.
–: Predigt als Rede. Über die Wechselwirkungen von Homiletik und Rhetorik. Stuttgart 1976.
–: Von geistlicher Rede. Sieben rhetorische Profile. Gütersloh 1979.
–: Rhetorisch predigen. Wahrheit als Mitteilung: Beispiele für die Predigtpraxis. Gütersloh 1981 (a).
–: Predigt als Sprache. In: Theologia Practica 1982/1.

Riess, R.: Zur pastoralpsychologischen Problematik des Predigers. In: Praxis Ecclesiae (Festschrift für K. Frör), München 1970, S. 295–321 (gekürzte Fassung in PrSt VI, I 1971, S. 12 ff.).

Schädelin, A.: Wie entsteht eine Predigt? Kirchliche Zeitfragen. Heft 30, Zürich 1954.

Schröer, H.: Die Bedeutung der Dogmatik für die Predigtvorbereitung. MPTh 53, 1964, S. 427–442.

Sommerauer, A.: Das Handwerk der Predigt. Ein Praktikum für Laien und Theologen. Stuttgart 1972.

Steck, Wolfgang: Plan für einen Predigtentwurf. In: Theologia Practica V. Jg. 1970, S. 246–258.

Stock, A.: Umgang mit theologischen Texten. Methoden, Analysen, Vorschläge. Zürich 1974.
–: Textentfaltungen. Semiotische Experimente mit einer biblischen Geschichte. Düsseldorf 1978.

Trillhaas, W.: Die wirkliche Predigt. In: Wahrheit und Glaube (Festschrift für E. Hirsch). Itzehoe 1963, S. 193 ff.
–: Evangelische Predigtlehre. München 1964[5].

Tucholsky, K.: Ratschläge für einen schlechten Redner. Gesammelte Werke Bd. III, Reinbek (S. 600).

Wiedemann, H.-G.: Die Praxis der Predigtvorbereitung. Predigtstudien Beiheft 3. Stuttgart 1975.

Zerfass, R./*Kamphaus*, F. (Hg.): Die Kompetenz des Predigers. Im Spannungsfeld zwischen Rolle und Person. Comenius-Institut Münster 1979.

Nachweis der Motti vor den einzelnen Kapiteln

O.: KURT TUCHOLSKY: Ratschläge für einen schlechten Redner. Aus: Kurt Tucholsky, Gesammelte Werke, Bd.III/S. 600. Rowohlt Verlag GmbH, Reinbek b. Hamburg. Ebenso in: Zwischen Gestern und Morgen. Eine Auswahl aus seinen Schriften und Gedichten. Hamburg 1952 (rororo 50)

1.: AMBROSIUS v. MAILAND: De officiis ministrorum I,4,14. Deutsch: Bibliothek der Kirchenväter, Reihe 1, Bd. 32, S. 17.

2.: GÜNTER KUNERT: Warum Schreiben? In: Tagträume in Berlin und andernorts. Kleine Prosa, Erzählungen, Aufsätze. München 1972 (Fischer TB 1437).

3.: HEINZ PIONTEK: Träumen, Wachen, Widerstehen. Aufzeichnungen aus diesen Jahren. München 1978 (Ullstein Buch Nr. 26030).

4.: MARTIN LUTHER: Tischreden. WA Bd. 2, Nr. 674.

5.: MARIE v. EBNER-ESCHENBACH: Aphorismen. In: Werke, hg. v. J. Klein, Bd 1. München o.J.

6.: EDUARD v. BAUERNFELD: Lesefrucht, Nachweis unmöglich.

7.: PABLO PICASSO: Lesefrucht, Nachweis unmöglich.

8.: JOHANN WOLFGANG v. GOETHE: Maximen und Reflexionen. Werke/Hamburger Ausgabe, Bd. 12. München 1978[8].

9.: MARTIN BUBER: Die Erzählungen der Chassidim. Zürich 1949.

10.: AUGUST STRINDBERG: Lesefrucht, Nachweis unmöglich.

11.: GEORG CHRISTOPH LICHTENBERG: Aphorismen, hg. v. Max Rycher. Zürich 1958.